논·술·한·국·대·표·문·학

53

숙향전·숙영낭자전

작가미상

훈민출판사

조선 시대 때 과거 시험을
볼 때 사용했던 답안지, 합
격증, 어사화 등

The Best Korean Literature

사모관대 차림. 〈숙향전〉에서 시아버지는 숙향의
재주를 시험하기 위해 관복 흉배에 쌍학을 수놓
게 한다.

쌍학 무늬의 흉배

〈숙향전〉에서 장 승상 부인은 숙향이 죽은 줄로 알고 제사를 지내 준다.(사진은 제사 지내는 장면)

석탑. 숙향의 부모는 아기를 갖기 위해 대성사 불전을 찾아 치성을 드린다.

난리 중에 부모를 잃은 숙향을 흰사슴이 업고, 장 승상 댁 후원에 데려다 놓는다.

〈숙영낭자전〉의 본문 시작 대목

〈숙영낭자전〉의 혼례 장면. 그림은 〈기산풍속도첩〉의 혼례식날 풍경

누각. 숙향의 아버지 김전은 자주 누각에 올라가 달 구경을 하였다.

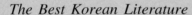

The Best Korean Literature

◀숙향은 갈대밭에서 불에 타 죽을 뻔한 고비를 넘긴다.
▼선군이 과거 보러 떠난 후 동별당에 머물던 숙영은 시아버지의 의심을 받게 된다.

구인환(丘仁煥)

서울대학교 사범대학 졸업. 동 대학원 졸업(문학박사)
서울대학교 명예교수, 소설가(현). 서울대학교 사범대학 국어교육연구소 소장(현)
문학과문학교육연구소 소장(현). 국제펜 한국본부 부회장(현)
한국소설문학상(1987) 예술문화대상(1994) 한국문학상(2000)
작품 〈숨쉬는 영정〉, 〈살아 있는 날들〉, 〈일어서는 산〉 외 다수
- **저서** 《한국단편소설의 이해》, 《한국현대소설의 비평적 성찰》,
  《고교생이 알아야 할 소설》, 《고교생이 알아야 할 세계단편소설》 외 다수

윤병로(尹柄魯)

성균관대학교 국어국문학과 졸업. 동 대학원 졸업(문학박사)
성균관대학교 교수, 문학평론가(현). 한국현대소설학회장(현)
한국문예학술저작권협회 이사(현). 한국간행물윤리위원회 위원(현)
한국펜 문학상(1987). 한국문학상(1988). 대한민국문학상(1989)
수필집 《나의 작은 애인들》
- **저서** 《현대 작가론》, 《한국 현대 소설의 탐구》,
  《한국 근대 작가 작품 연구》, 《한국 현대작가의 문제작 평설》 외 다수

홍성암(洪性岩)

고려대학교 국어국문학과 졸업. 한양대학교 대학원 국어국문학과 졸업(문학박사)
동덕여자대학교 교수, 소설가(현). 한국문인협회 회원(현)
한국소설가협회 이사(현). 국제펜 한국본부 소설분과 이사(현). 한민족 문화학회 회장(현)
창작집 《큰 물로 가는 큰 고기》, 《어떤 귀향》 외
대하역사소설 《남한산성》(전9권) 외 다수
- **저서** 《문학의 이해》, 《현대 작가론》, 《한국 근대 역사소설 연구》 외 다수

기
획
·
감
수

숙영과 백선군의 사랑 이야기를 담고 있는 〈숙영낭자전〉의 표지

논술 한국대표문학을 펴내며

　21세기의 사회는 '**전자 문명 시대**'라 일컬어질 만큼 오늘날 전자 산업은 우리 생활의 거의 모든 분야에 다양하게 응용되고 있습니다. 출판 분야 또한 예외는 아니어서, 종래의 서책(Book) 대신에 이른바 '전자책(CD-ROM)'의 출간이 최근 들어 날로 증가하고 있습니다.

　그러나 이러한 전자책은 영상 또는 모니터상으로 흥미 위주나 백과사전식 지식을 습득하는 데는 효과적일지 모르지만, 문학 공부를 위해서는 별로 도움이 되지 않습니다. 바꾸어 말하면, 문학 공부는 각 지면마다 살아 숨쉬는 표현 하나하나를 독자 자신의 머리로 음미하면서 작품을 읽어 나가는 가운데, 풍부한 상상력의 배양과 함께 작가의 의도와 그 작품의 내면을 깊이 있게 이해함으로써 이루어지는 것입니다.

　이에 훈민출판사에서는, 자라나는 학생들이 범람하는 영상 매체에 길들여지기 전에, 어려서부터 유명한 세계문학 작품들을 책자를 통하여 감명 깊게 읽고 감상함으로써, 올바른 문학 공부의 기틀을 다지고, 아울러 전인 교육도 할 수 있도록 《논술 한국대표문학(전60권)》을 펴내게 되었습니다.

　작품 선정은, 초·중·고등학교 국어 교과서와 역사 교과서에 실리거나 소개된 문학 작품을 중심으로 하되, 그리스 신화와 성경 이야기 등의 고전에서부터 중세·근대·현대에 이르기까지 세르반테스·셰익스피어·톨스토이 등 세계 유명 작가들의 장·단편 소설들을 엄선·수록하였습니다. 또 세계의 명시도 별권으로 엮었으며, 특히 각 단락마다 '**논술 문제**'를 제시하여, 장차 대학입시를 비롯한 각종 '논술 고사'에 예비 지식을 쌓을 수 있도록 배려하였습니다. 아무쪼록, 이 《논술 한국대표문학(전60권)》이 자라나는 학생들에게 문학 공부의 주춧돌이 되고, 나아가 미래를 살아가는 데 **정신적 자양분**이 되기를 진심으로 바라 마지않습니다.

훈민출판사

차례

숙향전

작가 미상

숙 향 전

　중국 송나라 때, 그 이름이 천하에 알려진 공신이 있었다. 그의 성은 김이고 이름은 전이었다. 그는 집안 대대로 내려오는 명문 거족 출신이었다. 그의 부친 운수 선생은 덕망이 높은 선비였는데, 부귀와 공명에 뜻을 두지 않고 산중에 은거하며 세월을 보내고 있었다. 천자가 그 소문을 듣고 신하를 보내어, 이부상서 벼슬을 내려 주고 조정으로 들어오라고 명하였다. 그러나 그는 그것을 사양하고 산속에서 일생을 마쳤다.

　그의 아들 김전도 아버지를 닮아 덕망과 재주가 뛰어났다. 특히 빼어난 문장은 이백과 두보를 압도하였고, 글씨는 왕희지와 조화보를 무색케 할 정도였다. 날이 갈수록 그의 소문을 듣고 그에게 글을 배우려 하는 선비들이 구름처럼 모여들었다.

　하루는 같은 마을에 사는 친구가 벼슬을 얻어 호주부로 떠나게 되었다. 김전은 십 리 밖까지 나와 친구에게 술대접을 하고는 반하수 강가까지 이르렀다.

　그 때 마침 어부들이 강가에 불을 피워 놓고 큰 거북을 잡아서 구워 먹으려고 소란을 피우고 있었다. 그런데 그 거북이 하도 크기에 이상히 여긴 김전이 자세히 살펴보았다. 그런데 그 거북의 이마에 하늘 천자가 새겨져 있는 것이 아닌가. 거북의 배에도 역시 하늘 천자가 새겨져 있었다.

김전은 그 거북이 영물이라고 생각되어 어부들에게 사정을 하였다.

"아무래도 이 거북은 영물인 듯하니 도로 놓아주시오."

그러자 어부들이,

"우리가 하루 종일 고생하여 잡았는데 어떻게 놓아주겠소?"

하고 말을 듣지 않았다.

그 때 거북이 김전을 바라보고 눈물을 흘리며 죽음을 슬퍼하는 듯한 모습을 하였다. 김전은 그대로 지나칠 수가 없었다. 그는 가지고 갔던 술과 안주를 어부들에게 모두 주고 사정을 하여 그 거북을 다시 강물에 넣어 주었다. 거북은 물 속으로 헤엄쳐 들어가면서 감사하다는 듯 김전을 돌아다보았다.

김전은 친구를 전송하기 위해 강을 건넜다가 다시 강을 건너 돌아왔다. 그런데 그 때 갑자기 심한 풍랑이 일어 배가 뒤집혔다. 배에 탔던 사람들이 모두 물에 빠져 죽고, 김전도 물 속에서 허우적거리고 있었다.

그 때 눈 앞에 검은 널빤지 같은 것이 떠올랐다. 김전은 얼른 그 널빤지 위에 올라탔다. 그가 올라타자 널빤지가 움직이기 시작하였다. 그런데 자세히 살펴보니 그 널빤지는 다름 아닌 큰 거북이었다. 그 거북은 네 다리를 힘차게 저어 물 위를 화살같이 빠르게 달려서 순식간에 강 건너편 언덕에 다다랐다.

'아, 이 짐승은 필시 내가 아까 구해 준 거북이로다. 자기를 살려 준 은혜를 갚고자 나를 구하였구나.'

하는 생각을 하니 고마운 마음이 들었다.

김전이 거북에게 고맙다고 말하자 거북은 말 대신 입에서 안개 같은 것을 토해 냈다. 그런데 그 광채가 무지개를 펼쳐 놓은 듯 황홀하였다. 잠시 후 그 기운이 사라지면서 거북도 사라졌다. 그리고 그 자리에는 새알 크기만한 진주 두 개가 남아 있었다.

김전은 더욱 이상한 생각이 들어 그 진주를 손바닥 위에 놓고 자세히 살펴보았다. 구슬 가운데에 오색 광채가 찬란하였다. 한 개에는 목숨 수자가, 다른 한 개에는 복 복자가 선명히 새겨져 있었다.

'거 참, 이상한 일이구나. 이것은 반드시 거북을 살려 준 인연이리라.'

김전은 속으로 탄복하며 그 구슬 두 개를 가지고 집으로 돌아왔다.

김전은 나이 스무 살이었으나 집이 너무 가난하여 장가를 들지 못하고 있었다.

이 때 형초 땅에 장희라는 사람이 살고 있었다. 그는 벼슬과 공명을 멀리하고 있었다. 그러나 본래 공후의 자손인지라 집안이 매우 부유하여 남부러울 것이 없었다. 그는 슬하에 딸 하나를 두고 있었는데, 그 낭자의 사람됨이 바르고 재주와 용모가 뛰어나, 부모가 손 안에 든 보배처럼 아끼며 길렀다. 어느덧 딸이 커서 사윗감을 고르는데 그 보는 눈이 여간 까다롭지 않았다. 그러던 중 장희는 김전의 인품이 어질고 문장 실력이 뛰어나다는 말을 듣고 청혼을 하였다.

김전은 반하수 강가의 거북으로부터 받은 진주를 예물로 보내고 정혼을 하였다. 그러나 장모 되는 장희의 부인이 그 초라한 예물을 보고 평소의 기대에 어긋나므로 남편 장희에게 불평을 하였다.

"사대부 집안에서 우리 딸에게 구혼해 오는 사람들이 구름같이 몰려들어도 모두 물리치시더니, 어찌 가난한 김전에게는 오히려 청혼을 하십니까? 김전이 보내 온 예물을 보니 그 빈궁한 정도를 가히 알 수 있겠습니다. 저는 하나밖에 없는 우리 딸의 앞일이 걱정됩니다."

"당신은 잘 모르는 것이 있으니 잠자코 있으시오. 혼인은 인륜지대사인지라, 재물로 연을 맺는 게 아니오. 예물을 얻기 위해 결혼하는 것은 오랑캐의 풍습이 아니오? 그뿐 아니라 당신이 초라하게 여기는 그 진주 예물을 보니, 그 무엇과도 바꿀 수 없을 만큼 값진 보배임에 틀림없소.”

장희는 그 진주를 은방에 맡겨서 반지로 만들었다. 그런데 반지 위에 얹혀진 구슬은 너무나 광채 찬란하고 황홀하기 그지없어 바로 쳐다보지 못할 정도였다. 길일을 택하여 혼례를 치르고 김전을 사위로 맞이하니, 신랑 신부의 품위와 용모가 해와 달을 맞대 놓은 것 같았다.

장인 장희는 사위의 풍모를 보고 기뻐하여 얼굴에 웃음을 가득 담고서 ‘내 딸의 사위로는 오히려 과하다’고 자랑하며 친아들처럼 사랑하였다. 김전 또한 장씨를 아내로 맞이하니, 원앙이 푸른 물에 놀고 비취가 연리지(한 나무의 가지가 다른 나무의 가지에 맞닿아 결이 서로 통하는 것으로 화목한 부부를 가리키는 말)에 걸린 것처럼 금실이 좋았다.

그러나 사람의 일상에는 기쁨만이 있는 것이 아닌지 그들이 결혼한 후 삼 년이 지났을 때 장인 장모 두 분이 모두 세상을 떠났다. 그 딸의 슬퍼하는 모습은 차마 볼 수가 없었으며, 김전은 두 분의 장례를 극진히 지낸 뒤에 조석으로 제사를 공손히 받들었다.

그 후 여러 해가 지났으나, 김전 부부에게는 아이가 없어 쓸쓸한 세월을 보내고 있었다. 그러던 어느 해 여름이었다. 칠월 보름날 밤에 김전과 장씨는 함께 누각에 올라가 달구경을 하고 있었다. 이 때 갑자기 공중에서 꽃 한 송이가 장씨의 치마 위로 떨어졌다.

자세히 살펴보니 배꽃도 매화꽃도 아니었는데, 그 향기가 사방으로 퍼져 나갔다. 그리고 잠시 후 회오리바람이 불자 꽃잎이 산산이 흩어져 어디론지 날아가 버렸다. 장씨는 마음속으로 그 꽃을 아깝게 여기며 집에 돌아왔는데 이날 밤 이상한 꿈을 꾸었다.

꿈 속에서 갑자기 하늘의 달이 떨어지더니 황금빛 산돼지로 변하여 장씨의 품으로 뛰어들었다. 장씨가 깜짝 놀라 잠에서 깨어나 잠든 남편을 깨워 꿈 이야기를 하였다.

"어젯밤에는 계수나무 꽃 한 송이가 떨어지고 오늘은 그런 꿈을 꾸다니…… 이는 분명 하늘이 우리에게 자식이 없음을 불쌍히 여기셔서 귀한 자식을 점지해 주시려는 것 같소."

남편은 나름대로 이렇게 해몽을 하고는 몹시 기대를 하는 눈치였다. 과연 그 날부터 아내 장씨의 몸에 태기가 있었다. 김전 부부는 매우 기뻐하며 부디 아들이기를 고대하였다. 열 달 후, 아기를 낳는데 장씨는 난산으로 크게 고생을 하였다. 그 날이 마침 사월 팔일이었는데, 문득 기이한 향기가 풍기며 오색구름이 김전의 집을 둘러쌌다. 밤이 깊어지자 선녀 한 쌍이 내려와 말하였다.

"집을 깨끗이 치워 놓고 기다리시오. 곧 선녀가 내려오실 겁니다."
하고는, 홀연히 장씨의 산실로 들어갔다.

김전이 바삐 나와서 노복을 시켜 집 안팎을 깨끗이 청소하게 하고 기다리니 이윽고 오색찬란한 무지개가 집을 둘러싸고 아름다운 향기가 진동하였다.

김전은 혹시 아내가 죽는 게 아닌가 싶어 황급히 산실로 달려가 보았다. 아내는 이미 아이를 낳았고 산파 노릇을 하던 두 선녀는 순식간에 자취를 감춰 버렸다. 김전이 놀라서 장씨 곁으로 다가가니 기절하여 정신을 차리지 못하고 있었다. 김전은 아내의 몸을 주물러 주며 의식이 돌아오기를 기다렸다. 장씨는 한참 후에야 정신을 차렸다. 정신이 든 장씨가 아이를 살펴보니 옥골 선풍으로 평범한 세속의 사람 같지 않은 아기였다. 그런데 불행하게도 사내아이가 아닌 여자아이여서 부부는 서운함을 감추지 못하였다.

김전 부부는 아기의 이름을 숙향이라 짓고, 자를 월궁선이라 하였다. 아이에 대한 부부의 사랑은 그 무엇과 비교할 수 없을 정도였다.

숙향은 자라면서 점점 더 아름다워졌다. 마치 달나라에서 방금 내려온 선녀가 환생한 듯싶었다. 그 자태는 보름달이 구름과 안개를 헤치고 창공에 걸린 듯 눈이 부셨고, 목소리는 맑고 고와서 산호채로 백옥을 두드리는 것 같았다. 또한 하는 일마다 착하고 아름다운 일만을 가려서 하므로 김전은 혹시 딸의 명이 짧으면 어쩌나 걱정되어, 유명한 관상가 왕규를 불러다가 숙향의 관상을 보아 달라고 하였다.

"숙향 아가씨는 이 세상 사람이 아니라 달나라 선녀의 딸입니다. 훗날 매우 귀하게 될 것입니다. 다만 옥황상제에게 죄를 지어 인간 세상으로 귀양을 왔으므로, 초년에는 험하겠으나 그 후에는 길할 것입니다."

이 말을 들은 김전은 의아하여 물어보았다.

"우리 집은 다행히 의식주에는 별 지장이 없이 풍족한 편인데 초년에 고생할 팔자라니, 이상하구려!"

그 말을 들은 왕규는 머뭇거리다가 낮은 음성으로 말하였다.

"사람의 팔자는 미리 예측하지 못합니다. 숙향 아가씨는 다섯 살에 부모와 헤어져 떠돌다가 이십 세가 되어 다시 부모를 만나 부귀영화를 누리게 될 것입니다. 그리고 두 아들과 딸 하나를 두고 살다가 일흔 살이 되면 다시 하늘로 승천할 팔자입니다."

김전은 그 관상가의 말을 믿고 싶지 않았으나, 만일을 걱정하여 숙향의 집 주소와 생년월일, 그리고 태어난 시를 수놓은 비단 주머니를 숙향에게 매달아 주었다.

드디어 숙향이 다섯 살 되던 해였다. 송나라의 국운이 불행하여 금나라가 반란을 일으켜 황성을 침범하기 위하여 먼저 형초 지방을 침범하였다. 모든 백성들은 피난하기에 정신이 없었다. 김전도 가족과 함께 피난길에 올랐으나 피난 도중에 도적을 만나 재물이 든 행장을 모두 잃어

버렸다. 김전은 숙향을 등에 업은 채 아내를 데리고 도망하기에 바빴다. 그러나 도적의 추격이 점점 가까워지므로 숙향을 업고는 도저히 빨리 도망갈 수가 없었다. 기진맥진한 그는 아내에게 말하였다.

"부인, 도적이 저렇듯 가까이 뒤쫓아오고 우리는 힘이 다해서 빨리 도망칠 수가 없으니 어찌하겠소. 요행히 우리가 살아난다면 자식을 다시 만날 수 있을 것이오. 그런데 만일 우리가 도적에게 잡혀서 죽게 된다면 그 시신은 누가 거둘 것이며, 조상의 제사는 누가 모시겠소? 혈육의 정으로는 차마 못할 일이지만, 숙향을 여기에 숨겨 두고 우선 급한 화를 피한 후에 다시 와서 데려가기로 합시다."

아내는 남편의 말을 듣고 울음을 터뜨리며 애원하였다.

"저는 여기서 숙향이와 함께 죽을 결심이니 당신은 어서 피하시어 귀하신 몸을 보전하신 뒤에, 우리 모녀의 시신이나 거두어 주십시오."

"당신을 버리고서야 어찌 나 혼자 피하겠소? 그럼 함께 죽도록 합시다."

"그것은 안 될 말씀입니다. 대장부가 어찌 처자식 때문에 헛된 죽음을 당할 수 있단 말입니까? 그러지 말고 어서 피하십시오."

그러자 김전은 아내의 손을 잡고 또다시 간곡하게 말하였다.

"내 어찌 당신을 버리고 간단 말이오?"

김전이 굳은 표정으로 가려 하지 않자, 장씨 부인은 숙향을 단념하고 통곡하면서 말하였다.

"당신이 정 그러시면 애통하지만 숙향을 여기에 남겨 두고 갑시다."

"자, 그럼 빨리 여기를 떠납시다!"

김전이 재촉하자 장씨 부인은 표주박에 밥을 담아서 숙향에게 주면서 말하였다.

"숙향아, 어쩔 수 없이 너를 두고 가는 이 어미를 용서해 다오. 배고프거든 이 밥을 먹고, 목이 마르거든 냇가의 물을 떠서 마시며 잘 숨어 있거라. 우리가 내일 다시 와서 너를 데려가마."

어린 숙향은 어머니의 매정한 말에 발을 동동 구르면서 울고 애원하였다.

"어머니, 아버지, 제발 절 데리고 가 주세요."

장씨는 어린 딸의 애원에 가슴이 미어지고 정신이 아찔하여 말을 잇지 못하다가 울면서 다시 달래었다.

"잠깐만 여기서 기다리고 있으면 우리가 다시 와서 널 데려갈 테니, 울거나 소리 내지 말고 가만히 있어야 한다. 큰 소리를 내면 도적이 와서 널 죽일 것이다. 알겠니?"

그러나 숙향은 더 큰 소리로 울면서 어머니에게 매달렸다.

"어머니, 날 데려가 줘요. 어머니는 왜 나를 여기에 버리고, 나 혼자 도적에게 잡혀 죽으라고 하나요? 싫어요, 저를 데리고 가 줘요."

숙향이 울면서 어머니의 몸을 놓지 않으려 하자, 장씨는 차마 딸을 버리지 못하여 숙향을 부둥켜안고 울었다. 김전도 마침내 통곡하면서 말하였다.

"사정이 급한데 어찌 그 애 하나 때문에 가족 세 명이 모두 죽는단 말이오? 당신이 정 가지 않는다면 나도 이 곳에 남아 함께 잡혀 죽겠소."

장씨는 어찌할 수 없는 슬픔에 몸을 떨면서 마침내 옥가락지 한 짝을 빼어 숙향의 속옷고름에 매어 주면서 달래었다.

"숙향아, 울지 말고 여기에서 기다리고 있으면 내가 곧 돌아오마."

숙향을 겨우 달래어 떼어 놓고 뒤돌아보니, 도적은 벌써 코앞에 와 있었다. 김전은 황급히 장씨의 손을 이끌고 달아났다. 숙향은 발을 동동 구르며 울부짖었다.

"어머니, 날 버리고 어디로 가세요? 날 데리고 가요."

숙향의 처절한 울음소리가 바람결을 타고 멀리까지 들렸다. 김전 부부는 애간장이 끊어지는 듯 가슴이 아팠으나, 어두운 길을 허둥지둥 도망가는 그 모습 또한 불쌍하기 이를 데 없었다.

마침내 도적이 그 곳에 와서 홀로 울고 있는 숙향을 내려다보며 말하였다.

"네 아비와 어미는 어디로 갔느냐? 간 곳을 바른대로 말하지 않으면 죽여 버리겠다."

숙향은 도적이 부모를 찾는 것에 놀라, 울면서도 정신을 가다듬고 낭랑하게 말하였다.

"나를 버리고 도망간 부모를 내가 어찌 알겠어요? 그것을 알면 내가 찾아가겠어요."

도적들은 잔인하게도 숙향을 죽이려고 숙향의 목에 칼을 갖다 댔다. 그러나 도적 중의 한 사람이 숙향의 딱한 처지를 안타깝게 여겨 앞으로 나섰다.

"죽이지 말거라. 몹쓸 제 아비 어미가 버리고 간 불쌍한 어린것이 배고파 우는데 그 애가 무슨 죄가 있다고 죽이려 하느냐? 이대로 두면 산짐승에게 잡아먹힐 것이다."

그 도적은 숙향을 업어다가 마을 앞에 두고 가면서 눈물까지 머금으며 말하였다.

"나도 너만한 자식이 있는데 참으로 불쌍하구나. 네 부모가 너를 버리고 가면서 오죽 마음이 아팠겠느냐?"

숙향은 어디로 가야 할지를 몰라 어머니 아버지만 부르며 길거리를 방황하였다. 그 모습을 본 사람들은 모두 숙향의 처지를 불쌍히 여겼다. 어느덧 날이 저물고 인적도 끊겼으나 숙향은 갈 곳을 모르고 덤불 밑에

쭈그리고 앉아 울었다.

그 때 문득 한 떼의 황새가 날아와 날개로 숙향을 덮어 주었다. 이제 춥지는 않았으나 배가 고파 견딜 수가 없었다. 그런데 어디서인가 원숭이들이 아직 살아 있는 물고기를 갖다 주었다. 숙향은 그것으로 허기를 채우고 잠이 들었다.

다음 날 아침, 눈을 뜨니 까치가 날아와 숙향의 머리 위에서 오락가락하였다. 그런데 자세히 보니 숙향을 어디론가 데리고 가려는 것 같았다. 숙향은 울면서 그 까치를 따라 몇 개의 고개를 넘어갔다. 그러자 마을 하나가 나타나 숙향은 그 곳으로 들어갔다. 마을 사람들이 숙향을 보면서 저마다 한 마디씩 했다.

"너는 누구인데 혼자 다니느냐?"

"우리 부모님이 내일 와서 데려간다 하시더니 지금까지 찾아오지 않아요."

하면서 숙향은 울었다. 이를 본 사람들은 모두가 숙향을 가엾게 여겼다. 또 숙향의 얼굴이 곱게 생긴 것을 보고 데려다 기르고 싶어하는 사람도 많았다. 그러나 지금은 전쟁 중이고 피난길이어서 그리하지도 못하고 밥만 먹여 줄 따름이었다.

한편, 다급히 피신하였던 김전은 아내 장씨를 깊은 산중에 숨겨 놓고 산에서 내려와 숙향을 찾았으나 종적을 알 수 없었다. 아무리 찾아도 숙향은 보이지 않았다. 낙담한 김전은 숙향이 필경 죽은 것이라고 생각하고 산 속으로 돌아왔다.

"아무리 찾아봐도 숙향이가 근처에 없으니 아마도 죽은 모양이오."

남편의 말을 들은 장씨는 통곡을 하다가 정신을 잃었다. 김전은 놀라서 아내를 위로하며 말하였다.

"모든 것이 다 운명이니 너무 서러워하지 맙시다. 내가 아까 죽은 것

같다고 한 것은 낙담한 끝에 잘못 말한 것이었소. 어린것이라 그리 멀리 가지는 못하였을 터인데, 죽었다면 그 시신이 근방에 있어야 하오. 그런데 그것조차 없으니 누군가 데려간 것이 분명하오. 언젠가 숙향이 어렸을 때 숙향의 관상을 본 관상가 왕규가 다섯 살 때 부모와 이별한다고 하지 않았소? 그 말이 맞는가 보오. 너무 상심하지 맙시다."

"애고, 불쌍한 것. 이 에미가 너와 함께 죽지 못한 것이 한이로구나. 여보, 당신은 관상가의 말을 믿고 위안을 삼으려 하시지만 그 애는 죽었을 거예요. 다행히 살아 있더라도 대체 누구를 의지하고 살아가겠어요?"

말을 마치고 장씨 부인은 또 기절하였다. 김전은 어떻게 위로를 해야 할지 몰랐다.

"숙향이가 살아 있다면 앞으로 언젠가는 만날 수 있을 것이니 당신도 왕규의 말을 믿어 보시오."

이즈음, 숙향은 피난 가던 사람들이 저마다 흩어져 가 버린 마을에 혼자 남아 울고 있었다. 사방이 고요하고 적막한 가운데 달빛만 비치고 있었다. 숙향은 너무도 배가 고파 배를 움켜쥐고 슬피 울었다. 그 때 문득 파랑새가 나타나 숙향을 인도하였다. 숙향은 그 새를 따라 한참을 걸어갔다.

한 곳에 다다르니, 눈앞에 으리으리한 전각이 나타났고 풍경 소리가 은은하게 들렸다. 그 때 갑자기 푸른 옷을 입은 소녀가 그 전각에서 소리없이 나와 숙향을 안고 들어갔다. 그 소녀는 숙향을 전각 안의 고운 자리에 내려놓았다. 숙향이 놀라서 바라보니, 한 부인이 꽃으로 엮은 관을 쓰고 칠보로 장식된 황금빛 의자에 앉아 있다가 숙향을 보고 급히 자리에서 내려왔다. 부인은 동쪽에 놓인 백옥으로 만든 자리로 옮겨 앉앉다. 숙향은 그저 울고만 있었다. 그러자 부인이 말하였다.

"선녀의 몸으로 인간 세계에 내려와서 더러운 물을 너무 많이 먹어 정신이 흐려졌으니 선약을 써서 낫게 해 주거라."

부인의 명을 받은 시녀가 선약을 잔에 가득 부어 숙향에게 주었다. 숙향이 그것을 받아 마시자 흐려졌던 정신이 선명해지며 전생에 월궁의 선녀로 천상에서 놀던 일과, 인간 세계로 내려와서 부모를 잃고 고생한 일이 생생히 떠올랐다.

몸은 비록 아이였지만 마음은 어른과 같아, 숙향이 머리를 들어 부인에게 감사드리며 말하였다.

"제가 옥황상제께 죄를 지어 인간 세계로 쫓겨나 고생을 하고 있는 중에, 부인께서 이처럼 저를 데려다가 관대히 보살펴 주시니 고맙기 그지없습니다."

"날 알아보시겠습니까?"

"제가 멀리 나와 고생을 한 탓으로 정신이 맑지 못하여 알아뵙지 못하니 그저 황송할 따름입니다."

"나는 후토 부인입니다. 선녀가 인간 세상으로 내려가 고생이 이루 말할 수 없기에, 원숭이와 황새, 파랑새를 보냈는데 혹시 그것들을 보셨습니까?"

"모두 보았습니다. 부인의 은혜 죽어도 잊지 못할 것입니다. 부디 하늘 나라에서의 죄를 용서하여 주시고, 부인의 하녀가 되어 은혜를 갚게 해 주세요."

"선녀는 월궁 소아입니다. 불행하게도 지금은 인간 세상에서 잠시 귀양살이를 하고 있지만, 칠십 년 동안 고생을 하시면 다시 하늘 나라로 오실 것이니 너무 슬퍼하지 마세요. 또한 온 길이 너무 머니, 이곳에 머무셨다가 내일 다시 인간 세상으로 돌아가십시오."

부인은 이렇게 말하고 좋은 음식을 대접하였다. 그러고 나서 부인은 다시 선약을 권하였다. 숙향이 선약을 받아 마시니 머리가 깨끗해지며 인간 세상의 일이 모두 잊혀졌다. 이상하게도 천상의 일만 기억이 났다. 숙향이 후토 부인에게 물었다.

"제가 듣기에 명계(저승, 죽어서 가게 되는 곳)에는 시왕(저승에서 죽은 사람을 심판하는 열 명의 왕)이 계신다고 하던데 그것이 사실입니까?"

"그렇습니다."

"그러면, 시왕전에 있으면 인간 세상의 부모님을 만날 수 있습니까?"

"선녀의 부모는 인간으로 그저 계시니까, 옥황상제의 사람이 아닙니다. 봉래산(금강산) 선관 선녀로서 인간 세계에 귀양간 사람들입니다. 귀양살이가 끝나면, 다시 봉래산으로 갈 것이니 이 곳에 계실 리가 있겠습니까?"

"제가 인간 세상으로 나가면 다시 부모님을 찾을 수 있겠습니까?"

숙향의 질문에 후토 부인이 대답하였다.

"월궁 선녀로 계실 때에는 상아님께 죄를 지어 억울하게 되었고, 규성이라는 선녀가 옥황상제께 죄를 지어 인간 세계로 귀양을 가서 장 승상의 부인이 되었으니, 선녀도 그 곳으로 가서 전생의 은혜를 갚고 있으면, 때를 만나 귀하게 될 것입니다. 그런 다음 부모를 만나게 될 것이온데, 그 때는 지금으로부터 15년 후가 될 것입니다."

"인간 세상의 고초를 생각하면 일각이 삼 년 같은데 15년을 어떻게 견디겠습니까? 차라리 죽고 말았으면 좋겠습니다."

"이것은 하늘의 뜻입니다. 하늘 나라에서 죄를 지어 받는 대가이므로, 다섯 번 죽을 액화를 겪고 나서 전생의 죄를 씻은 후에 인간 세상의 영화를 누리게 될 것입니다."

이윽고 황금 닭이 울었다. 이어서 날이 밝아 오니 후토 부인이 급하게 말하였다.

"선녀와 이야기가 너무 길었습니다. 갈 길이 너무 멀고, 시간이 없으니 어서 내려가시지요."

"시간이 급하다고 하나, 인간 세상의 길을 모르니 어느 누구의 집에 가서 살아야 되나요?"

"그런 염려는 하지 마세요. 선녀의 가시는 길은 내가 알려 줄 거예요. 장 승상 댁으로 먼저 가세요."

"장 승상 댁은 여기서 먼가요?"

"이 곳에서 삼천삼백 리입니다. 그러나 그것은 염려하지 마세요."

후토 부인은 화분에 심어져 있는 나무 한 가지를 꺾어서 흰 사슴의 뿔에다 매었다. 그리고 나서 말하기를,

"이 사슴이 선녀를 인간 세상으로 모셔다 줄 것입니다. 이 사슴을 타면 일각에 만 리라도 갈 수 있을 것입니다. 또 배가 고프거든 이 열매를 가지고 있다가 드십시오."

숙향은 부인에게 거듭 고맙다고 인사를 하고 사슴의 등에 올라탔다. 사슴이 한 번 발굽을 치고 달리자 만리 강산이 번개처럼 눈앞에 스치고 지나갔다. 어느 사이 한 곳에 이르자 사슴이 걸음을 멈추었다. 숙향은 사슴의 등에서 내렸다. 배가 너무 고파서 부인이 준 열매를 먹었다. 그러자 금방 배가 부르고 하늘에서 있었던 일을 잊게 되었다.

몸도 마음도 모두 인간으로 돌아왔기 때문에, 혹시 곁에 있는 사슴이 물지나 않을까 걱정이 되었다. 그 곳은 나무가 우거지고 어느 쪽으로든 통하는 길이 없어서 어디로 가야 할지를 몰랐다. 숙향은 한 나무에 몸을 기대고 깜박 잠이 들었다.

숙향이 있는 곳은 흠남군에 있는 장 승상 집의 후원이었다. 장 승상은 한나라 장량의 후손으로, 일찍부터 벼슬길에 올라 그 이름과 사람됨

이 조정에서 가장 뛰어났다. 그는 나이 마흔이 되기도 전에 이미 승상이 되었다. 그러다가 간신의 모함으로 승상직을 물러나서 고향으로 돌아와 한가롭게 세월을 보내고 있었다.

그러나 그에게도 아쉬운 것이 있었다. 그것은 자식이 없다는 것이었다. 그는 늘 그 점을 한탄하였다.

그러던 어느 날 그가 꿈을 꾸는데, 선녀가 내려와 계수나무 꽃 한 가지를 주면서 말하였다.

"그 동안 네가 전생에 죄가 너무도 많아 자식이 없었다. 그러나 이제 이 꽃을 주니 잘 간직하거라. 그러면 반드시 좋은 일이 있을 것이다."

장 승상은 너무 놀라 꿈에서 깨어났다. 그는 곧 부인을 불러 꿈 이야기를 해 주었다.

"그 동안 우리에게 자식이 없어서 늘 쓸쓸하였는데, 이제 하늘이 우리에게 자식을 줄 모양이오. 그러나 우리 나이가 쉰인데 어찌 자식 낳기를 바라겠소?"

그러자 부인도 같은 꿈을 꾸었다고 하였다.

그가 한탄을 하며 말을 마쳤을 때, 갑자기 집 주위에 오색 안개가 어리고 집 안 가득 향기가 넘쳐 흘렀다. 승상은 이상한 생각이 들었다.

"지금이 겨울인데 오색 안개가 어리고, 꽃이 필 계절도 아닌데 이렇듯 꽃향기가 나니 참으로 이상하오."

그는 지팡이를 짚고 후원 동산으로 올라가 주위를 살펴보았다. 마침 모란 포기에서 새잎이 돋고 있었는데, 그 밑에서 어린 소녀가 잠을 자고 있었다. 승상은 놀라서 부인과 시녀를 불렀다. 어수선한 소리에 소녀가 깨어나더니 울기 시작하였다. 장 승상은 소녀에게 다가가 물었다.

"너는 누구인데, 이 동산에 혼자 있느냐?"

숙향은 사람들을 보자 반갑기도 하고 무섭기도 하여 울음이 나왔다.

"저는 난리 중에 부모님을 잃고 거리를 헤매고 있었는데, 어떤 짐승이 저를 업어 가려다 이 곳에 내려놓았습니다."

"네 이름은 무엇이며, 나이는 몇 살이냐?"

"제 이름은 숙향이라 하고, 나이는 다섯 살입니다. 우리 부모가 나를 바위 틈에 숨겨 두고 피난을 가면서, 내일은 와서 꼭 데려가겠다고 하시더니 아직까지 오시지 않아 이렇게 울고 있습니다."

장 승상은 아이가 불쌍해서 탄식을 하였다.

"오호, 부모를 잃은 아이로구나!"

장 승상은 아이를 데려다가 부인에게 보였다. 부인이 소녀를 보자, 그 소녀는 꿈에서 본 선녀와 똑같은 모습이었다. 부인은 뛸 듯이 기뻤다.

"이 아이는 우리에게 자식이 없음을 가엾게 여기시고 하늘이 주신 선물이니 제가 기르고 싶습니다."

부인은 숙향을 안고 집으로 들어가서 옷을 갈아입히고 맛있는 음식을 먹였다. 장 승상 부부는 숙향을 친자식이나 다름없이 곱게 키웠다.

2년의 세월이 흘러 숙향은 이제 일곱 살이 되었다. 숙향의 얼굴은 해와 달 같고, 배운 바 없는 글도 모르는 것 없이 잘하고, 바느질과 수놓는 솜씨도 뛰어났다. 이런 숙향을 장 승상 부부는 보물처럼 아끼고 사랑하였다.

숙향의 나이가 열 살이 되었을 때는 그 재주가 너무 비범하여 인간으로서는 감히 상상할 수도 없는 일들을 해내었다. 또한 숙향에 대한 장 승상 부인의 사랑과 믿음이 크고 두터워서 집안의 모든 일을 숙향에게 맡겼다. 숙향은 모든 일에 앞뒤를 잘 살피며 열심히 처리하였다.

또한 승상 부부를 극진히 모시고 섬겼으며, 여러 하녀와 하인들은 인정과 의리로 다스렸다. 승상 부부는 어진 가문을 찾아 숙향의 신랑감을 구하여 가문의 뒷일을 맡기고자 생각하였다.

그러나 세상에는 뜻대로 되지 않는 일이 항상 있나 보다. 장 승상 집에 오래 있던 사향이라는 계집종이 숙향에게 큰 불만을 품었다. 숙향이 집안일을 맡아 보기 전에는 사향이가 이 집 살림을 도맡아 보다시피 했었다. 사향이는 그 때 많은 재물을 빼돌려 제 집도 부자 못지않게 살았었다. 그런데 숙향이가 집안일을 돌본 후로는 세도도 부릴 수 없고, 실속도 찾을 수 없게 되었다. 그녀는 항상 불만을 품고 숙향을 해칠 기회만 노리고 있었다. 그런데 그럴 기회가 찾아오지 않자 사향은 계략을 꾸미기로 마음을 먹었다.

하루는 영춘당에서 승상 부부를 모시고 잔치를 베풀고 있었다. 그 때 갑자기 저녁 까치가 날아와서 숙향에게 절을 세 번 하고 다시 날아가 버렸다. 숙향은 불길한 마음이 들었다.

'까치는 여자의 넋이라는데, 하필이면 집안의 많은 노복들 가운데서 나를 향해 울고 가는 것일까? 이는 분명 나쁜 징조야!'

장 승상도 까치가 지저귀는 것을 보고 방정맞은 생각이 들어 기분이 나빴다. 잔치가 끝난 후에도 승상은 걱정스러운 마음에 쌓여 있고, 부인도 뭔지 모를 불안감에 싸였다.

이 날 사향은 승상 부부를 위한 잔치를 베푼다는 말을 듣고는, 이 때야말로 숙향을 해칠 수 있는 절호의 기회라고 생각하였다. 사향은 부인이 영춘당에 가고 없는 틈을 이용하여 부인의 방으로 들어가 다락에 감추어 둔 승상의 장도와 부인의 금비녀를 훔쳐다가 숙향의 방에 숨겨 두었다.

10여 일이 지난 후, 부인이 잔칫집에 가기 위하여 금비녀를 찾았다. 아무리 찾아보아도 금비녀가 나오질 않자 다락을 뒤지던 부인은 승상의 장도도 없어졌다는 사실을 알았다. 부인은 하녀들을 불러 엄하게 추궁했다.

"마님, 무슨 일로 그렇게 화를 내고 계십니까?"

"큰 변고로다. 조정에서 대감께 내려 주신 장도와 내가 혼인할 때 패물로 받은 봉 무늬의 금비녀가 없어졌다. 우리 집에서 가장 아끼는 보물인데, 이게 도대체 어떻게 된 일인지 모르겠다."

그러자 사향이 목소리를 낮추면서 말하였다.

"지난번에 숙향 낭자가 마님의 방에서 나오기에 수상하다고 생각하였는데, 혹시 그 때 가져갔는지 한번 조사해 보십시오."

"그런 이야길랑 하지 말거라. 숙향의 마음이 옥처럼 깨끗한데 그럴 리가 있겠느냐? 그 아이가 그것을 몰래 가져다가 무얼 하겠느냐? 아예 그런 의심일랑 하지 말거라."

부인은 오히려 사향을 나무랐다. 그러나 마음속으로 이미 독기를 품은 사향은 쉽게 물러나지 않았다.

"마님 말씀대로 숙향 낭자가 예전에는 그러지 않았습니다. 그런데 요즘 혼삿말이 있고 나이도 점점 차니까 실속을 차리려고 하는지 저희가 보기에도 민망한 일이 많습니다. 그러나 마님께서 너무 예뻐하시니까 감히 말씀드리지 못하고 있었습니다. 아무튼 숙향 낭자의 방을 한번 뒤져 보십시오."

부인은 사향의 말이 의심스러웠지만 숙향의 방으로 갔다. 그리고 조용히 물어보았다.

"승상님의 장도와 내 금비녀가 없어졌으니 혹시 네 바구니에 있나 한번 찾아보겠니?"

부인의 말을 들은 숙향은 깜짝 놀라 오히려 원망스러운 마음으로 말하였다.

"소녀가 가져오지 않은 물건이 어찌하여 제 그릇에 있겠습니까?"

숙향은 모든 그릇을 꺼내 놓고 뒤져 보았다. 그랬더니 바구니 하나에서 장도와 금비녀가 나왔다. 숙향은 너무 놀라 한 마디 변명도 못한 채 가만히 있었다. 부인은 크게 화를 내며 꾸짖었다.

"네가 가지고 오지 않은 것이 어찌하여 여기에 들어 있느냐?"

부인은 장도와 금비녀를 가지고 승상에게 가서 사실대로 말하였다.

"이제까지 우리는 숙향을 친딸처럼 애지중지하여 집안 일을 모두 맡기고 혼사를 치러 주어 뒷일을 맡기고자 하였는데, 역시 남의 자식은 어쩔 수 없군요. 나를 이렇게까지 속이니 분해서 참을 수가 없습니다."

"허어, 이런 것이 저에게 무슨 소용이 있다고 가져갔을까?"

장 승상은 부인의 말을 듣고도 믿을 수가 없었다. 그러자 옆에 있던 사향이 대뜸 이렇게 말하였다.

"숙향 낭자가 요즘에 와서는 전과 다르게 가끔 편지를 써서 바깥의 남자에게도 주며, 부정한 일을 많이 하니, 낭자가 왜 그렇게 변하였는지 모르겠습니다."

사향의 말을 들은 승상은 깜짝 놀랐다.

"에잇, 망측하구나. 그 애가 나이가 차서 바깥 남자와 연애를 하는 것이 분명하다. 이대로 집에 놔 두었다가는 무슨 화가 닥칠지 모르겠으니, 빨리 내보내야겠구나."

이 때 숙향은 너무나 어이가 없고 억울하여 자기 방에서 머리를 싸매고 누워 있었다. 부인이 가서 좋은 말로 타일렀다.

"우리의 팔자가 기박하여 자식이 없었는데, 너를 만난 후로 모든 것이 기특하여 친자식처럼 생각하고, 고이 길러 장차 적당한 혼처를 찾아 결혼시켜 우리의 뒷일을 맡기려 했었다. 그런데 네가 그런 행실을 할 줄은 꿈에도 생각을 못 하였다. 네가 이 집의 뒷일을 책임지면 황금이 수십만 냥이 있으니 먹고 살 걱정도 없고, 또한 장도와 금비녀

가 갖고 싶다고 말했다면 망설이지 않고 주었을 것을 왜 그런 짓을 했느냐? 금비녀는 여자의 패물이니 혹 욕심이 났다고 할 수 있으나 장도는 너에게 아무 소용도 없는 물건인데 왜 훔쳐다 두었느냐? 나는 너와 깊은 정이 들어 이번 일도 용서하고 싶은데 승상께서 저토록 노하시니 어쩌겠느냐? 승상의 노여움이 풀릴 때까지만 네가 입던 옷가지를 챙겨 조용히 나가 있거라. 앞으로 내가 승상께 잘 말씀드려 너를 다시 데려오도록 하마."

이렇게 말한 부인은 지금까지 길러 온 정을 생각하자 눈물이 비오듯 하였다. 숙향은 자리에서 일어나 공손히 절을 하였다. 그리고 나서 울음을 멈추고 말하였다.

"저의 전생의 죄가 무거워 다섯 살 나던 해에 부모를 잃고 이 고을 저 고을로 구걸하며 다니다가, 밤이 되면 숲 속에서 자고 배를 곯은 적이 어디 한두 번이었겠습니까? 불쌍한 인생이 부모를 찾지 못하고 밤낮으로 울면서 헤맬 때, 하늘이 살려 주시느라고 사슴 등에 태워다가 이 댁 동산에 내려놓고 간 인연으로 승상님과 마님 두 분의 사랑을 한몸에 받으며 살았습니다. 그리하여 저는 제 힘 닿는 데까지 정성껏 두 분을 모시려고 하였는데, 갑자기 이런 누명을 썼으니 이것이 다 제 운명인가 봅니다. 그러니 누구를 원망하겠습니까? 장도와 금비녀는 결단코 제가 훔친 것이 아닙니다. 귀신의 조화가 아니라면, 사람의 계책이라고 생각합니다. 그러나 이제 그것을 밝혀 무엇을 하겠습니까? 부인의 눈앞에서 소녀의 깨끗한 마음을 보여 드리겠습니다."

가슴의 억울함을 털어놓은 숙향은 칼을 들어 자결하고자 하였다. 곁에서 지켜 보던 부인은 숙향의 그러한 행동이 조금도 어색하지 않고, 말하는 것이 진실된 호소라는 것을 깨달았다. 그래서 가만히 생각해 보니 어떤 간사한 자가 숙향이 총애 받는 것을 시기하여 모함한 것이 아닌가 하는 의심이 들었다. 부인은 숙향을 위로하며 말하였다.

"네 말이 맞다. 네가 어떤 아이인데 그런 행동을 하겠느냐? 내가 승상께 다시 말씀드릴 테니, 행여 죽을 생각은 하지 말거라."

이 때였다. 사향이 아주 급하게 달려와서 부인에게 전하였다.

"승상님께서 숙향 낭자의 행실이 불측하여 어서 내쫓으라고 하였는데, 왜 내쫓지 않느냐고 성화십니다."

그러자 부인도 할 수 없이 눈물을 흘리며 숙향에게 말하였다.

"애야, 승상의 노기가 풀릴 동안만 잠깐 문 밖의 상노 집에 가서 기다리고 있거라. 내가 다시 조용히 말씀드려서 데려오도록 하마."

그러나 숙향은 사양하고 울면서 말하였다.

"부인의 은혜는 백골난망이오니, 죽은 후에도 다 보답하지 못하는 것이 한이옵니다."

그녀는 칼을 들고 죽으려 하였다. 부인은 놀라서 황급히 숙향의 손을 잡고 울면서 말하였다.

"너를 이렇게 괴롭게 만든 것은 내가 아무 생각 없이 가볍게 말한 죄이다. 나를 보아 죽는다는 이야기는 하지 말거라."

부인이 애걸하다시피 자꾸 말리자, 곁에서 지켜보고 있던 사향이 말하였다.

"승상께서 분부하시기를, 숙향이 문벌의 자식이었다면 그런 행실을 할 리 없지만, 기생의 자식인 모양이니 한시바삐 내쫓으라고 하셨습니다. 집에 두면 반드시 큰 화를 만날 것이니 더 이상 집에 두지 말라고 하셨습니다."

부인은 더욱 당황하여 사향에게 숙향의 옷가지를 내어주라고 하고는 소리내어 울었다. 숙향은 눈물을 흘리며 비로소 참고 있던 말을 하였다.

"지난번에 영춘당에서 저녁 까치가 제 앞에서 세 번이나 울더니 이런 억울한 일을 당하였습니다. 이것은 하늘이 저를 죽이려 하심이니, 어찌 하늘의 뜻을 거역하겠습니까? 다만 부모와 헤어질 때 어머니께서 옥반지 한 짝을 주셨으니 그것이나 제 부모님 만난 듯이 가져가겠습니다. 옷가지는 갖다가 무얼 하겠습니까?"

부인은 그 불쌍한 모습을 차마 보고 있을 수가 없었다. 부인은 승상에게 찾아가서 말하였다.

"이제야 생각이 났습니다. 장도와 금비녀는 내가 갖다가 숙향의 방에 두었는데, 하도 정신이 없어서 그것을 까맣게 잊고 있었습니다. 숙향이 억울한 누명을 쓰고 쫓겨나게 되었으니, 자기도 모르는 일이라 변명할 길이 없어서 스스로 죽으려 합니다. 이런 잔인한 일이 또 어디 있겠습니까? 제 잘못으로 이런 일이 생겼으니 숙향을 용서하시고 생각을 돌려 주십시오."

"허허, 당신 노망이 났소? 처음부터 그런 줄 알았으면 가엾은 그 아이한테 왜 억울한 누명을 씌워 내쫓으려 했겠소. 사실이 그렇다면 그 아이한테 얼마나 미안한 일이오?"

승상은 도리어 부인을 위로하며 조용히 말하였다.

"어젯밤에 내가 꿈을 꾸었는데, 앵무새가 복사꽃 가지에 앉아 있었소. 그런데 한 스님이 와서 도끼로 꽃가지를 베어 버리니 앵무새가 달아났소. 이것이 무슨 징조인지 몰라서 하루 종일 무슨 보배를 잃어버린 것같이 허전하였소. 나의 마음이 매우 울적하니 당신은 가서 술상을 좀 보아다 주시오."

"이상한 꿈을 다 꾸셨군요."

부인은 곧 하녀를 시켜 주안상을 가져오게 하여 승상을 위로하였다.

승상과 부인이 숙향을 용서하려는 것을 눈치챈 사향은 곧장 숙향의 방으로 가서 말하였다.

"승상께서 너를 그대로 두려는 마님을 크게 야단치시고, 나더러 황급히 너를 내쫓으라고 하셨으니 어서 나가거라."

사향의 독촉에 숙향이 울면서 말하였다.

"부인께 하직 인사나 올리고 가겠다."

그러자 사향이 큰 소리로 꾸짖었다.

"흥, 염치도 좋구나. 그토록 총애를 받으면서도 그와 같이 배은망덕한 짓을 하고, 이제 또 무슨 낯이 있어서 마님을 뵙겠다는 거냐? 부인 역시 승상님께 꾸중을 들으시고 너에게 화가 나 계시니 다시는 너 같은 것을 보려고도 하지 않으실 것이다. 어서 곧장 이 집에서 나가거라."

사향은 숙향의 손목을 잡고 끌어 내었다. 숙향은 부인께 하직 인사도 올리지 못한 채 쫓겨 가는 것이 더욱 슬펐다.

그녀는 사향의 손을 뿌리치고 자기 방으로 들어가서 혈서로 인사말을 써 놓고는 눈물을 흘리며 밖으로 나왔다. 그러자 사향은 더욱더 조급하게 숙향을 몰아내려 하였다.

이제 어디로 갈 것인가! 천지가 아득하여 앞뒤를 분별할 겨를조차 없었다. 숙향이 어디로 가야 좋을지 망설이고 있자, 사향이 또 독한 소리로 재촉하였다.

"승상께서는 이 집 근처에는 얼씬도 하지 말라고 하셨다. 아주 먼 곳으로 가서 다시는 네 그림자도 보이지 않도록 하여라."

사향은 숙향의 등을 떠밀어 대문 밖으로 밀어 내고는 대문을 덜컹 닫아걸었다. 숙향은 가슴이 미어지며 눈앞이 깜깜해져 정든 승상의 집을 몇 번이고 뒤돌아보며 발걸음을 옮겨 놓았다. 얼마쯤 걷다 보니 큰 강이 앞을 가로막고 있었다.

"마침 잘 되었구나! 차라리 이 강물에 빠져 죽어야지."

숙향은 강가에 가서 하늘을 우러러 큰절을 하였다.

"복 없는 이 숙향은 전생의 죄가 무거워, 다섯 살 때 부모를 잃고 낮에는 거리를 헤매고 밤에는 울면서 지새웠습니다. 외로운 이 몸이 의지할 곳이 없어서 매일 울면서 지내다가, 하늘의 도움으로 장 승상 댁에 몸을 맡겨 큰 은혜를 입고 편안하게 살았습니다. 그런데 이제 억울한 누명을 쓰고 쫓겨나는 일을 당했습니다. 저는 더 이상 살아갈 수 없으므로 부모의 얼굴을 다시 못 보는 슬픔을 안고 이 물 속에 몸을 던지오니, 천지신명은 이 가엾은 숙향의 누명을 벗겨 주십시오."

숙향은 슬프게 울었다. 지나가는 사람들도 숙향의 모습을 보고 가여운 마음에 눈물을 흘렸다.

숙향은 한 손으로 치마를 감싸쥐고 또 한 손으로는 옥반지를 움켜쥐고 강물 속으로 뛰어들었다. 물살이 급한데다가 풍랑까지 겹쳐서, 지나가던 사람들이 물에 빠진 숙향을 구하려 하였는데 구하지를 못하였다. 사람들은 물 속에서 가라앉았다 떠올랐다 하며 숙향이 떠내려가는 것을 바라보며 탄식만 하였다.

숙향이 물 속에서 허우적거리고 있는데, 갑자기 널빤지 같은 것이 물 위로 나타났다. 숙향이 그 곳으로 기어오르니 마치 육지처럼 편안하였다. 이윽고 오색구름이 일어나더니 양의 머리를 한 소녀들이 옥으로 만든 퉁소를 불면서 연잎으로 만든 배를 급하게 저어 왔다. 그리고는 숙향의 근처까지 와서는 말하였다.

"용녀는 빨리 그 분을 모시고 배에 오르시오."

그러자 널빤지가 변하여 고운 부인이 되었다. 그 부인은 숙향을 안고 배 위로 올랐다. 배에 타고 있던 소녀들이 숙향에게 절을 한 다음 말하였다.

"낭자께서는 어찌하여 그 귀하신 몸을 스스로 가볍게 버리려고 합니까? 우리는 항아의 명을 받고 낭자를 구하기로 하고 이 곳으로 왔습니다. 그런데 오는 도중에 옥화수의 소녀들이 붙들고 놓아 주지를 않아서 이렇게 늦었습니다. 용녀가 아니었다면 낭자를 구하지 못하여 큰 죄를 지을 뻔하였습니다."

그리고 다시 용녀에게 감사의 말을 하였다.

"용녀는 어디서 와서 이처럼 낭자를 구하셨습니까?"

그러자 용녀가 대답하였다.

"예전에 사해용왕이 우리 수궁에 와서 잔치를 열었지요. 내가 사랑하는 시녀가 옥그릇을 깨었는데, 벌을 받을까 두려워 그것을 고하지 못하였습니다. 그런데 결국 그것이 발각되어 부왕이 크게 노하셔서 저를 반하수 강으로 쫓아 내었습니다. 그 때 반하수에서 어부들의 어망에 갇혀서 잡혔던 일이 있습니다. 그러나 하늘의 도움으로 김전이라는 분을 만나 구함을 받았습니다. 그 은혜를 갚고자 하여도 물의 세계와 인간의 세계가 다르므로 뜻을 이루지 못하였습니다. 그러던 차에 부왕이 옥황상제께서 하시는 조회에 참석하셨는데, 옥황상제의 말씀을 듣자오니 달나라 소아께서 하늘나라에서 죄를 지어 인간 세상의 김전의 딸이 되었다고 하셨습니다. 그런데 그 소아께서 반야산의 도적을 만나 죽을 위험을 당하고, 또한 표진강에서 죽을 고비를 겪으며, 화재도 만나고, 낙양 옥중에서 사형 선고를 받은 뒤에야 귀하게 되실 거라며 그 월궁 소아가 죽지 않도록 도우라고 물신령님에게 분부를 내리셨다고 합니다. 그리하여 제가 반하수 강의 은혜를 갚고자 김전의 따님인 월궁 소아를 구하고자 나와 있었던 차입니다. 이제 여러 선녀들과 함께 이 안전한 배에 계시게 되었으니 저는 마음놓고 돌아가겠습니다."

용녀는 숙향에게 인사를 하고는 물 속으로 돌아가려 하였다.

정신이 든 숙향은 자신을 구해 준 사람이 누구인지 궁금하여 그녀에게 물었다.

"당신은 누구신가요? 물 위를 마치 평지처럼 다니시는군요."

그러자 용녀가 대답하였다.

"저는 동해 용왕의 셋째 딸로 이 곳 표진강 용왕의 아내 됩니다. 제가 당신을 구해 드린 것은 예전에 당신의 부친 김전께서 저를 구해 주신 은혜를 갚기 위해서입니다."

"아, 그랬군요. 나는 다섯 살 때 부모를 잃고 고아가 되었답니다. 그 동안 의탁할 곳이 없어서 남의 집에 머물다가 억울한 누명을 쓰고 너무도 분하여 이 강물에 빠져 죽고자 하였는데, 이렇게 다시 살려 주시니 정말 감사합니다."

숙향의 사례를 받은 용녀는 살짝 미소를 지으면서 말하였다.

"당신은 그 동안 인간의 음식을 먹어서 우리를 잘 알아보지 못하시는군요."

용녀는 허리에 차고 있던 병을 기울여 차를 따라 주면서 숙향에게 마시기를 권하였다.

"이 차를 마시면 자연히 알게 되십니다."

숙향은 그 차를 받아 마셨다. 그랬더니 정신이 맑아지며 하늘나라에서의 기억이 선명하게 떠올랐다. 자기는 분명 월궁의 소아로서 옥황상제를 섬기고 있었다. 그런데 태을진군을 사랑하여 편지를 주고받으며, 월령단을 훔쳐다 준 것이 발각나서 인간 세상으로 귀양을 갔던 기억이 선명하게 떠올랐다. 또한 연잎 배를 저어서 자기를 구하려고 온 두 선녀가 월궁에서 자기의 심부름을 하여 주던 시녀였다는 사실도 생각이 났다. 숙향은 두 선녀와 끌어안고 통곡을 하였다. 그들은 숙향을 위로하였으나, 숙향은 그들을 선녀로 대접하여 공손하게 말하였다.

"나의 부모는 봉래산의 선관 선녀인데 하늘나라에서 죄를 지어 인간 세상으로 귀양을 와서 딸을 잃고 고통으로 하늘의 죄를 갚도록 하셨습니다. 딸이 된 제가 어찌 안타깝지 않겠습니까? 그 동안 장 승상 댁에서 십 년 동안의 연분이 있었으나, 억울한 누명을 쓴 까닭에 더 이상 머물러 있지 못하고 쫓겨나는 신세가 되었습니다."

"당신을 모해하여 누명을 씌운 사람은 다름 아닌 사향이라는 계집종입니다. 항아께서 옥황상제께 그 사실을 고하여 이미 벼락을 내려서 죽였으니, 당신의 억울함을 장 승상 부부께서도 알고 계십니다. 그래서 당신을 찾아 이 곳 강가까지 왔다가 다시 돌아갔습니다. 이제 당신은 액운을 세 번 만났으니, 앞으로 두 번의 액운이 기다리고 있습니다. 더욱 조심하소서."

"앞으로도 무슨 액이 남아 있다는 말씀인가요?"

숙향은 깜짝 놀라 걱정스러운 목소리로 물었다.

"장차 노전에 가셔서 화재를 만날 것입니다. 또 낙양 옥중에서 부친을 만나게 되나 죽을 액을 지낼 것입니다. 그런 다음에야 태을진군을 만나 귀하게 되시어 영화를 누리게 될 것입니다."

"그 동안 지내온 액으로도 천지가 아득한데, 앞으로도 두 번이나 액이 기다리고 있다고 하시니 어찌 살기를 바라겠소. 장 승상 부인이 나를 극진히 사랑하셨으니, 나의 억울함을 아셨다면 다시 받아 주실 것입니다. 그러니 그 댁으로 가서 액을 면하였으면 합니다."

"당신의 액은 이미 하늘이 정한 인간의 숙명입니다. 장 승상 댁으로 간다고 하더라도 그 화를 면할 수는 없습니다. 태을진군을 만나지 못하면 앞으로 부모님 만나기가 힘들 것이며, 장 승상 부인의 힘으로는 영영 부모님을 만나지 못할 것입니다. 그러니 꼭 태을진군을 만나셔야 합니다. 하지만 태을진군이 계신 곳이 여기서 삼천 리나 되는 먼 곳입니다."

"태을진군은 누구이며, 이승에서의 이름은 무엇입니까?"

"항아님의 말씀으로는, 태을진군은 낙양 북촌리의 위공의 자제가 되어 한평생 부귀를 누리게 되었다고 합니다."

숙향은 그 말을 듣고 탄식하였다.

"천상에서 서로 같은 죄를 지었는데, 그는 어찌 한평생 부귀를 누리며 나는 어찌 이런 고초를 겪어야 하나요? 또한 그가 있는 곳이 여기서 삼천 리나 된다 하니, 그를 못 만나면 누구를 의지하며 그리운 부모님은 언제나 만날 수 있다는 말입니까?"

숙향은 눈물을 비오듯 흘렸다. 월궁 시녀가 그녀를 위로하였다.

"너무 염려 마십시오. 육지 길로 가려면 몇 년이 걸리겠으나, 이 연잎배를 타고 가면 순식간에 도착할 것입니다. 또한 천태산의 마고 선녀가 당신을 위하여 인간으로 내려와 계시니, 의지할 것이 반드시 생길 것입니다. 그러니 아무 염려 마십시오."

말을 마치고 배를 바람의 방향에 맞추니 그 빠르기가 실로 놀라울 정도였다. 잠시 후 배가 어떤 곳에 이르렀다. 시녀들이 숙향에게 말하였다.

"뱃길은 다 왔습니다. 여기서 내려 저쪽 길로 가십시오. 그러면 자연히 사람을 만나게 될 것입니다."

시녀들은 밀감처럼 생긴 과일을 주면서 배고플 때 먹으라고 하였다. 그리고는 이별을 슬퍼하며 눈물을 흘렸다. 숙향은 배에서 내렸다. 그러자 연잎 배와 시녀들은 온데간데없이 사라져 버렸다. 숙향은 하늘을 향하여 절을 하였다. 그리고는 시녀들이 가르쳐 준 길로 걷기 시작하였다. 얼마쯤 걷다 보니 배가 고팠다. 숙향은 시녀가 준 과일을 먹었다. 그러자 배가 부르며, 일순간에 조금 전의 기억이 모두 사라져 버렸다. 그리고 인간 세상에서 고생하던 기억만이 떠올랐다.

숙향은 길을 걸으며 생각하였다.

'내가 다 자란 여자이니, 비단옷을 입고 큰길로 나가는 것은 위험한 일일 수도 있다.'

숙향은 시골 마을의 한 집으로 가서 입고 있던 비단옷을 벗어 주고 헌 옷으로 바꿔 입었다. 얼굴에는 재와 흙을 발라 지저분해 보이게 하고, 한 눈은 멀고 한 다리는 절룩거리는 거지 흉내를 내며 걸어갔다. 길가에서 만난 사람들이 숙향을 보고 한 마디씩 하였다.

"젊은 여자가 불쌍하구나."

그러면서 거들떠보려고도 하지 않았다.

한편, 장 승상 부인은 승상의 울적한 마음을 위로하고 있었다. 어느 정도 취기가 오르자 승상이 부인에게 말하였다.

"나의 불찰로 숙향에게 억울한 누명을 씌워 내보내려고 하였으니, 그 애가 얼마나 서러웠겠소? 어서 가서 불러오도록 하시오."

승상 부인은 크게 기뻐하면서 곧 시녀를 시켜 숙향을 불러오게 하였다. 사향이 승상 부부의 의향을 알아채고는 밖으로부터 조급하게 들어오면서 수다를 떨었다.

"우리는 그런 줄 몰랐는데, 어쩜 그럴 수가 있나요?"

부인이 깜짝 놀라며 사향에게 물었다.

"너는 무슨 일이 있기에 그토록 가볍게 구느냐?"

"저희들은 숙향 낭자가 양반집 출생인 줄 알았지 뭐예요? 그런데 알고 보니 비천하기 이를 데 없는 장사꾼의 딸이었어요. 아까 마님께서 승상님께 가셨을 때 자기 방으로 들어가서 무엇인가를 싸 가지고 나는 듯이 도망을 갔습니다. 저는 가져가는 것이 무엇인지 궁금하여 따라갔습니다. 그런데 어찌나 걸음이 빠른지 잡지를 못하였습니다. 그래서 제가 아무리 죄를 짓고 도망치는 몸이라 하더라도 은혜 입은 마님께 하직 인사라도 하고 가는 것이 도리가 아니냐고 말하였습니다. 그랬더니 글쎄, 뭐라고 한 줄 아십니까? 마님이 저를 박대하여 내쫓는데 무슨 정이 있어 인사를 하겠느냐고 악을 바락 썼습니다. 그리고는 기다리고 있던 어떤 남자를 따라가면서 갖은 욕과 비방을 다 하였나이다."

부인은 사향의 말을 듣고 놀라서 분부하였다.

"그 애한테 직접 물어볼 것이 있으니, 어서 가서 불러오너라."

"예."

사향은 부인의 분부가 날카롭고 엄한지라 감히 더 이상 숙향을 모함하지 못하였다. 밖으로 나와 숙향을 찾는 척하다 시간을 보낸 후 돌아와서 천연덕스럽게 거짓말을 하였다.

"벌써 멀리까지 가고 있는 것을 제가 기를 쓰고 쫓아가서 마님 말씀을 전하고 데려오려 하였더니, 입을 삐죽거리며, 자기 얼굴과 자기 재주로 어디로 간들 그만한 자리를 못 얻겠느냐고 하면서 뒤도 안 돌아보고 가 버렸습니다. 저는 이날 이때까지 그토록 천박한 말과 행동은 보지 못하였습니다."

사향은 분해 죽겠다는 표정을 지었다.

이 때였다. 대문 밖에서 누비옷을 입은 스님 한 분이 들어오더니 성큼성큼 안채로 걸어왔다. 언뜻 보아도 태도가 비상하여 보통 스님이 아닌 것 같았다. 승상이 황급히 일어나 부인을 옆방으로 보내고, 스님을 맞이하여 위로 오르게 하였다.

"선사께서는 어디서 오셨나요?"

그러자 스님은 근엄하게 앉아서 대답하였다.

"소승은 옥황상제의 분부를 받고 승상 댁의 옥석을 가리고자 왔습니다."

"제 집에는 옥석을 가릴 만한 일이 없을 터인데, 선사께서는 무슨 말씀을 하시는지요?"

"승상께서는 숙향과 사향을 알고 계시지요?"

스님이 이렇게 말하자 승상이 대답도 하기 전에 사향이 종알대었다.

"숙향은 원래 빌어먹는 걸인이었는데 승상과 부인께서 불쌍히 여기시어 이 댁에서 친딸같이 길러 주셨어요. 그런데 행실이 부정하여 귀한 보배를 훔쳤다가 발각되었습니다. 숙향의 죄는 그것뿐만이 아닙니다. 그 죄로 인하여 쫓겨날 때에도, 이 댁의 은공을 오히려 악담으로 갚은 년인데, 임자는 뭐하는 중이기에 숙향의 편을 들어 감히 승상 댁 내당에 들어와 왈가왈부하는 것이오? 대감 마님, 이 중놈을 어서 노복에게 잡아 내어 쳐죽이게 하시고 화를 면하십시오."

사향의 말을 듣고 난 스님은 껄껄 웃더니 정좌한 채로 말하였다.

"네가 비록 승상 내외분을 속일 수 있다고는 하나 어찌 하늘을 속이겠느냐? 네가 승상 댁의 가사를 맡아 볼 때에 온갖 것을 도적질하여 네 집 재산 만들기에 바쁘다가 숙향이 장성하여 가사를 맡은 후에는 그런 도둑질을 할 수가 없게 되니, 숙향을 해칠 기회를 노리고 있었지. 그러다가 승상 내외분이 영춘당에서 잔치를 하는 틈에 네가 부인의 방에 들어가 장도와 금비녀를 훔쳐 내어 숙향의 방에 숨겨 두고 그 죄를 숙향에게 뒤집어씌우지 않았느냐? 그런 후에도 계속 간계를 부려 부인께 숙향을 모함하여 마침내 네가 숙향을 억지로 떠밀어 대문 밖으로 밀쳐 내고 갖은 욕을 다 하며 대문을 잠그지 않았느냐? 그 후에 부인이 숙향의 억울함을 눈치채고 숙향을 불러오라 하시니, 너는 나가서 시간만 보내다가 들어와 또 승상 내외분을 속이고 있지 않

앉더냐. 처음부터 끝까지 네 사악함을 감추고 모든 누명을 숙향에게 뒤집어씌워 모해하였으나 승상 부부께서는 네 간사함을 깨닫지 못하였다. 그러나 어찌 밝은 하늘까지 속일 수 있겠느냐?"

말을 마친 스님은 소매 속에서 작고 붉은 물건을 꺼내어 공중으로 던졌다. 그러자 곧장 천둥이 울리며, 갑자기 천지가 깜깜해지고 비가 억수로 퍼붓기 시작하였다.

온 집안 사람들이 어찌할 줄 모르고 있는데, 스님이 뜰 아래로 내려와 하늘을 향하여 주문을 외우자 별안간 하늘에서 진동이 일어나며 짚단만한 불덩이가 내려와 사향을 벼락쳐 죽였다. 이 바람에 집안 사람들은 모두 정신을 잃었다가 한참 만에야 깨어났다. 정신이 혼미한 중에도 부인은 울면서 말하였다.

"사향은 자기 죄로 죽었지만, 숙향은 어디로 가서 누구에게 의지를 한단 말인가. 불쌍하구나. 죄 없는 숙향이 어디 가서 헤매고 다닌단 말이냐. 이제까지 내가 너무도 소홀하여 사악한 사향의 말을 듣고 숙향을 내쫓았으니, 이게 모두 내 탓이로다!"

부인은 울면서 숙향의 방으로 갔다. 방 안에 들어가 보니, 고요한 가운데 숙향의 혈서 한 장만 덩그러니 놓여 있었다. 그 혈서에는 이렇게 씌어 있었다.

"소녀 숙향은 다섯 살에 부모를 잃고 이곳 저곳을 떠돌아다니다가, 장 승상 댁에서 거두어 주셔서 십 년을 편안하게 지냈으니 그 은혜는 하해와 같습니다. 하지만 하루아침에 천하에 악한 계집이 되니 어찌 세상에 머무를 수 있겠습니까? 부디 후에라도 나를 가엾게 여겨 이 억울한 누명을 벗겨 주소서."

부인은 혈서를 붙들고 울면서 탄식하였다. 분명 숙향이 죽었을 것 같았다. 부인은 승상에게 혈서를 가지고 가서 하소연하기 시작하였다.

"숙향은 사향의 모함을 받아 지금쯤은 분명히 죽었을 것이니, 이런 어이없는 일이 어디 있겠습니까?"

"당신은 어찌 꼭 숙향이가 죽었다고만 생각하오?"

승상은 자신의 잘못을 뉘우치면서 부인을 위로하였다. 부인은 승상께 숙향의 혈서를 보여 주면서 흐느끼는 울음을 참지 못하였다. 승상도 혈서를 보고는 측은한 마음이 들어 눈물을 흘렸다.

그 때 마침 승상의 친척인 장원이 왔다가 이 말을 듣고 말하였다.

"어제 표진강 가에서 웬 열다섯 살쯤 되어 보이는 소녀가 하늘에 큰 절을 하고 있는 것을 보았는데 그 소녀가 숙향임에 틀림없는 것 같습니다."

장 승상은 곧 노복을 시켜 숙향의 행방을 찾아보았으나, 그 종적이 묘연하였다. 다만 표진강 가에 사는 사람들의 말이, 어제 한 소녀가 물 속으로 뛰어드는 것을 보고 사람들이 구하려 하였으나 물살이 세어 구하지 못하여 소녀는 떠내려가고 말았다는 것이었다.

이 말을 전해 들은 부인은 침식을 잃고 낙담하여 울면서 지냈다. 숙향의 꽃 같은 얼굴과 옥 같은 음성, 뚜렷한 이목구비가 눈에 선하여 잊을 수가 없었다. 승상이 이를 걱정하여 숙향의 얼굴을 그려 부인을 위로하고자 널리 유명한 화가를 구하였으나, 친척 장원이 이 말을 듣고 말하였다.

"숙향이 열 살 되던 해에 제가 등에 업고 수정에 가서 구경을 하는데, 장사에 사는 조적이라는 화가가 숙향의 얼굴을 보더니, 자기가 많은 미인들을 보아 왔지만 숙향이 같은 미인은 아직 본 적이 없다고 하면서 숙향의 얼굴을 그려 갔습니다. 그러니 그 사람에게 그 그림을 구하는 게 좋을 것 같습니다."

"그럼 자네가 가서 그 그림을 구해 오게."

승상은 여비를 주어 장원을 조적에게 보내었다. 그러나 화가 조적은 벌써 그 그림을 다른 사람에게 팔았다고 하였다. 장원이 승상에게 그 사실을 고하니 승상은 황금 백 냥을 주면서 그 그림을 조적에게 가서 구해 오라고 하였다. 장원이 그 그림을 찾아오니 승상 부부는 마치 숙향을 다시 만난 듯 반갑고 슬퍼서 울음을 터뜨렸다.

부인은 숙향의 화상을 침실에다 두고는 아침 저녁으로 밥상을 차려 놓고 억울하게 죽은 혼백을 위로하였다.

숙향은 애꾸눈에 절름발이 걸음으로 걸어서 어떤 곳에 이르렀다. 하늘로 솟은 갈대가 무성하게 들어차 있는 갈대밭이 앞을 가로막았다. 날은 저물었고 더 이상 걷기도 지쳐서 그녀는 갈대숲에 의지하여 잠을 청하였다.

어느덧 밤이 깊어지자 갑자기 큰 태풍이 일어나더니 난데없는 불길이 하늘로 치솟으며 갈대밭을 태우기 시작하였다. 숙향은 깜짝 놀라 하늘을 우러러 큰절을 하며 기도를 하였다.

"전생에 소녀의 죄가 무거워 인간 세상으로 귀양 와서, 어려서 부모를 잃고 갖은 고초를 겪으면서 지금까지 천한 목숨을 부지하고 있는 깃은 다만 부모님의 얼굴을 한번 보려 함이니 굽어 살피시어 부모님 얼굴 한번만 보고 죽게 해 주십시오."

기도가 끝나자 한 노인이 죽장을 짚고 어디선가 나타났다.

"너는 누구이길래 이 밤중에 화재를 만나 고생을 하느냐?"

숙향은 자신의 처지를 이야기하였다.

그러자 노인이 다급하게 말하였다.

"불길이 급하니 어서 서둘러야 하겠구나. 그렇지 않아도 내가 너를 구하러 왔느니라. 불길이 가까이 번지고 있으니 입고 있는 옷을 벗어

이 곳에 놓고 몸만 내 등에 업히거라."

숙향은 사태가 급하자 노인의 말대로 옷을 벗어 버리고 노인의 등에 업혔다. 그 순간 벌써 불길이 치달아 등줄기가 화끈하였다. 이 때 노인이 소매에서 부채를 꺼내어 불길을 향해 부쳤다. 그러자 불길이 더 이상 번져 오지 않았다. 노인의 도움으로 화를 면한 숙향은 감사의 인사를 올린 후 공손히 물어보았다.

"제가 뵙기에 노인장께서는 신선임에 틀림없사온데, 계시는 곳은 어디이며 존함은 어떻게 되시나요?"

"나는 남천문을 지키는 화덕진군이다. 내가 시키는 대로 잘 해서 네가 노전 삼백 리를 잘 지나 왔다."

말을 마치자 그 노인은 홀연히 사라졌다. 숙향은 벌거벗은 몸이라 어찌할 바를 모르고 울고만 있었다. 그 때 갑자기 한 노파가 광주리를 옆에 끼고 지나가다가 숙향을 보고 다가와서 물었다.

"너는 도대체 무슨 일로 이렇게 해괴한 모습으로 길가에 앉아 있는 거냐? 혹시 어디서 큰 죄를 짓고 내쫓긴 것이 아니냐? 아니면 남의 집에 들어가 재물을 훔치려다 쫓겨난 게로구나. 그것도 아니라면 불한당을 만나 옷을 모두 빼앗긴 것이겠지."

숙향은 또 자신의 이야기를 하려 하였다. 그러자 노파가 말하였다.

"원래부터 부모가 없다면 세상 사람들이 모두 네 부모와 같겠구나. 네 부모가 반야산에서 너를 버리고 도망하였는데, 그것이 바로 내쫓은 게 아니고 무엇이겠느냐? 또한 장 승상 집에서도 금비녀 문제로 그 집을 나왔으니 쫓겨난 것이 맞구나."

노파가 조롱하듯 말하였다. 노파가 자기의 과거를 너무나 자세히 알고 있어 숙향은 놀라지 않을 수 없었다.

"할머니께서는 어떻게 제 일을 다 알고 계신가요?"

"소문으로 들어 알고 있단다. 그래, 너는 이제 어디로 가려고 하느냐?"

"마땅히 갈 곳이 없어서 이러고 있습니다."

"그렇다면, 나는 자식이 없는 과부이니, 나와 함께 가서 살지 않겠느냐?"

노파는 은근히 숙향의 마음을 떠 보았다. 숙향은 노파의 말을 듣고 반갑기도 하였지만, 한편으로는 불안하였다. 그래서 울음을 참으며 말하였다.

"할머니께서 언제까지나 저를 버리지 않으신다면 기꺼이 따라가겠습니다. 그러나 저는 지금 알몸이고, 또 배가 고파서 정신이 아득합니다."

노파는 광주리에서 나물 한 뭉치를 꺼내어 숙향에게 주었다. 그것을 받아서 먹으니, 매우 향기롭고 배가 알맞게 불렀다. 노파는 자신이 입고 있던 옷 한 가지를 벗어 주며 얼른 입고 가자고 재촉하였다. 숙향은 노파를 따라 나섰다. 고개 두어 개를 넘어가니 깨끗한 마을 하나가 나왔다. 그 곳은 집집마다 부유하게 사는 윤택한 마을이었다. 노파는 그 마을에서 가장 작은 집으로 들어갔다.

집은 작았으나, 매우 아담하고 정결하게 꾸며져 있었다. 집에는 푸른 삽살개 한 마리가 있었다. 노파와 숙향이 들어서자 그 개가 뛰어나와서 숙향을 보고 꼬리를 흔들면서 반겼다.

숙향은 노파의 집에 온 뒤로 반 달이 넘도록 병신 행세를 하고 있었다. 그러던 어느 날 노파가 숙향에게 타이르듯 말하였다.

"너를 보니 마치 구름에 가린 가을달을 보는 것 같구나. 내가 보기에는 네가 정말 바보는 아닌 것 같구나. 나를 속이고 있다면 이제 그 가면을 벗어라."

숙향은 대답 대신 웃고만 있었다.

"내 집은 원래 술집이어서 마을 사람들이 자주 드나드는데, 네가 그렇게 더럽게 하고 있으면 민망하니 얼굴이라도 좀 씻고 있거라."

그러나 노파의 집은 술집이라고 하지만 남자들은 드나들지 않고 여자들만 오가고 있었다. 노파가 밖에 나간 사이에 숙향은 얼굴을 씻고 옷을 갈아입은 후에 곱게 단장을 하고 수를 놓고 있었다. 노파가 돌아와서는 몰라보게 고와진 숙향을 보고 무척 기뻐하였다.

"아, 귀여운 내 딸아. 전생에 무슨 죄를 지었길래 이렇게 이 곳까지 와서 고생을 하고 있니?"

"할머니께서 저를 친딸같이 여기시니 제가 어찌 숨기겠습니까?"

하고 숙향은 자신이 겪은 이야기를 하나도 빼놓지 않고 모두 이야기해 주었다. 그리고 감사의 말을 하였다.

"이토록 친절히 대해 주시니 저도 친어머니로 알고 모시겠습니다."

노파는 숙향의 말을 듣고는 더욱 기뻐하였다.

숙향은 원래 총명한 여자였다. 배우지 않아도 모르는 것이 없었다. 그러므로 수만 놓아서 팔아도 먹고살 걱정이 없었다. 노파는 숙향을 아끼고 사랑하였다. 어느덧 이 집에서 산 지도 일 년이 되었다.

춘삼월 보름날에 노파가 술을 팔러 나가고 숙향이 혼자서 집을 보고 있었다. 홀로 앉아 수를 놓고 있는데, 갑자기 파랑새가 날아와 매화 가지에 앉아 구슬프게 울었다. 숙향은 그것을 보고 탄식하였다.

"새도 나처럼 부모를 잃고 슬퍼서 우는 걸까?"

숙향은 슬픈 마음으로 수를 놓고 있다가 창가에 기대어 앉아 깜박 잠이 들었다. 그런데 그 파랑새가 꿈에 나타나서 속삭이는 것이었다.

"낭자의 부모가 계신 곳을 알고 있으니 나를 따라오세요."

숙향은 반갑고 놀라워 신발을 신고 뜰 아래로 내려섰다. 그러자 파랑새가 따라오라는 듯이 천천히 날갯짓을 하면서 날아가기 시작하였다.

숙향이 파랑새를 따라 어느 곳에 이르렀다. 그 곳은 연못가였다. 연못 주위 백사장에 구슬로 축대를 쌓고, 산호 기둥을 세운 집이 한 채 있었다. 호박 주춧돌이며 집의 모든 장식이 오색 구름처럼 휘황하게 아로새겨져 있어 눈이 부실 정도였다.

숙향이 그 높은 집을 우러러보니 전각 위에 황금 글자로 '요지보배'라고 씌어 있었다. 집이 너무 크고 으리으리하여 숙향이 감히 들어가지 못하고 밖에 서서 바라보고 있는데, 계단에서 오색 구름이 피어나고 은은한 향기가 나더니, 수많은 선관과 선녀들이 학과 봉을 타고 쌍쌍이 집 안으로 들어가는 것이 보였다.

잠시 후에는 오색 무늬의 구름이 빛을 내며 대룡이 황금 수레를 끌고 날아가는데 이것은 바로 옥황상제의 수레였다. 그 뒤에는 석가 여래가 오신다고 하며 오백 나한이 죽 늘어서서 오고 있었다. 향기가 넘쳐나는 가운데 또 한 번 풍악이 울렸다. 수많은 행차가 지나가는 중에 아무도 숙향을 알아보는 이가 없었다. 이윽고 한 덩이의 구름이 피어나며 백옥 가마에 한 선녀가 연꽃을 들고 단아한 자세로 앉아 있었다. 다름 아닌 월궁 항아의 행차였다. 수레 위의 항아가 대뜸 숙향을 보더니 말하였다.

"소아야, 여기서 너를 다시 만나 보니 반갑구나. 인간 세상에서의 고생이 어떠하냐? 어서 나를 따라 안으로 들어가자. 요지를 구경하고 가거라."

숙향은 파랑새를 앞세우고 항아를 따라 요지 안으로 들어갔다. 그 곳의 크기가 엄청난 데 놀라서 숙향은 저절로 몸이 움츠러들었다.

여덟 가지 경장과 육각이 난 곳에 한 보살이 젊은 선관들을 거느리고 들어오더니 옥황상제께 인사를 드렸다. 그러자 상제가 그에게 말하였다.

"태을아, 반갑구나. 그 동안 어디에 가 있었느냐? 인간 세상에서의

고생은 어떻더냐?"

그 다음으로 항아는 숙향(소아)을 데리고 옥황상제께 나아갔다. 상제께서 소아를 가만히 바라보자 항아가 상제께 아뢰었다.

"이 소아는 이미 죽을 고비를 세 번이나 겪었사오니 이제 그만 하늘에서의 죄를 사하여 주시어, 석가 여래에게 칠십 목숨을 점지하게 해 주십시오."

"칠성에게 명하여 2남 2녀의 자식을 점지해 주라고 하여라."

상제는 또 남두성을 불러 복을 점지하라 하였다. 그러자 남두성이 상제께 여쭈었다.

"아들은 정승이 되게 하고, 딸은 황후가 되게 하겠습니다."

상제는 고개를 끄덕이고, 소아에게 하늘나라의 과일인 반도(삼천 년만에 한 번씩 열린다는 하늘 나라의 복숭아) 두 개와 계수나무 꽃 한 가지를 주었다. 숙향이 옥쟁반 위의 반도와 계수나무 꽃을 받아들고 내려와서 태을에게 건네주었다. 태을선관이 머리를 굽혀 두 손으로 받아 들고는 숙향에게 정이 가득 담긴 눈길을 보냈다.

숙향은 너무 당황하여 어찌할 줄 모르다가 그만 손에 낀 옥반지의 진주알을 떨어뜨렸다. 태을선관이 몸을 굽혀서 그 진주를 집어 들었다. 숙향은 부끄러워서 몸 둘 바를 몰라 하였다.

노파가 술을 팔고 집으로 돌아와 보니 숙향이 창에 기대어 깊이 잠들어 있는 것을 보고 흔들어 깨웠다.

"얘야, 이제 일어나거라."

그 소리에 숙향은 소스라치게 놀라 잠에서 깨어났다. 그러나 아직도 요지의 향기와 풍악 소리가 사방에 진동하는 것만 같았다.

"숙향 낭자, 꿈에 본 하늘나라의 광경이 어떠하였소?"

"제가 꿈을 꾼 것을 어떻게 알았습니까?"

숙향은 깜짝 놀라서 물었다.

"파랑새가 낭자를 인도하여 갈 때 나에게 알려 주어서 이미 알고 있었소."

숙향은 노파의 말을 이상하게 여기면서, 꿈에서 겪었던 이야기를 자세히 해 주었다.

"그런 꿈은 시간이 지나면 잊어버리기 쉬우니, 낭자의 재주로 그 광경을 수로 놓고 나서 보존해 두면 좋을 것 같소."

숙향은 노파의 말을 듣고, 좋은 생각이라고 여기며 바로 수를 놓기 시작하였다. 잠시 후, 수를 다 놓고 나서 노파에게 보여 주었다.

"어쩌면 이렇게 놀라운 재주를 가졌을까?"

노파는 칭찬을 하였다. 그러고 나서 장에 가지고 가서 팔면 큰 돈이 될 거라고 좋아하였다. 그러자 숙향이 탄식하며 말하였다.

"이 경치는 천금도 싸고, 이 공은 백금으로도 싸지만 누가 과연 이 진 가를 알아볼까요?"

다음 날, 노파가 그 수놓은 것을 장에 가져가 팔려고 하였으나 과연 아무도 사려 하지 않았다. 결국 단념하고 돌아오려고 하는데, 화가 조적 이 그 수에 새겨진 그림의 진가를 알고는 반가워하며 물었다.

"이 수는 누가 놓았습니까?"

"우리 집 어린 딸이 놓았습니다."

노파는 숙향을 자기 딸이라고 대답하였다. 그러자 조적이 다시 물었다.

"할머니는 어디에 사는 누구인가요?"

"나는 동촌리 화정 술집의 할미라오. 이 수는 딸이 놓은 진품이라 만 금이라 해도 싼 거요."

조적은 그 수가 꼭 마음에 들어서 흥정 끝에 오백 냥을 주고 사 갔다. 노파가 그 수를 팔고 숙향에게 돌아와 그 이야기를 하였더니, 숙향이 반갑게 말하였다.

"인간 세상에도 하늘나라의 경치를 알아보는 사람이 있군요."

한편, 조적은 많은 돈을 주고 수를 샀으나 제목이 없으므로, 명필에게 제목 글씨를 받아 천하의 보물로 삼고자 수소문을 하였다. 그러던 중에 낙양 북촌리에 사는 위공의 아들이 글과 글씨로는 당대의 제일이라는 말을 들었다. 그는 그를 찾아갔다. 병부상서 이 위공은 일찍부터 문무가 능하여 그 명망이 온 나라에 자자하였다. 황제가 이를 칭찬하여 위공에 봉한 후 나랏일을 맡기려 하자, 그는 후일의 화가 두려워 병이 들었다 고 거짓말을 하고 벼슬을 사양하였다.

그는 고향으로 내려왔으나 황제는 늘 그의 충성과 재주를 아끼고 칭 찬하였다. 위공은 고향으로 내려온 후에 농사일에 힘을 쏟아 살림살이 가 넉넉하였다. 그런데 자식이 없어서 늘 외로웠다. 그러던 어느 해 칠월 보름날, 부인과 함께 완월루에 올라가 달구경을 하던 위공이 부인에게 말하였다.

"우리가 이제 살 만하고, 나의 공명이 또한 한 나라 안에서 유명한데, 자식이 없어서 뒷일을 부탁할 곳이 없으니 조상의 제사를 어떻게 모시겠소? 이처럼 자식이 없어 늘 걱정이니 이제는 다른 가문의 숙녀를 취하여 자식을 얻을까 하니 당신은 너무 섭섭해하지 마시오."

이 위공은 부인의 양해를 구하고자 다정한 말로 이렇게 말하였다. 그러자 부인은 긴 한숨을 쉬며, 울음 섞인 목소리로 탄식하였다.

"제 운명이 기박하여 자식이 없으니 누구를 원망하며, 대감께서 여러 부인을 맞이한다 하신들 어찌 불평을 하겠습니까?"

그 후에 부인은 친정인 왕 승상 댁으로 찾아갔다. 부친 왕 승상에게 그런 사연을 이야기하자, 승상은 딸을 위로하며 말하였다.

"인간의 죄 중에서 가장 무서운 것이 바로 자식 없는 죄이니라. 내가 듣기로 대성사의 부처가 영험하다고 하니, 네가 지성으로 빌어 보도록 하거라."

부친의 말을 듣고 부인은 곧장 좋은 날을 택하여 목욕 재계하고 대성사로 가서 불전에 엎드려 지성으로 빌었다.

그날 밤 꿈에 부처가 나타나 말하였다.

"전생에 죄 없는 사람들을 많이 죽인 죄로 이승에서는 자식을 점지하지 않으려 하였으나, 그대의 정성이 지극하여 귀한 아들을 점지하니 어서 집으로 돌아가거라."

왕 부인은 서둘러 집으로 돌아왔다. 이 위공이 의아하다는 듯 물었다.

"며칠 더 친정에 있을 줄 알았더니 왜 벌써 돌아왔소?"

"위공께서 저더러 자식 없음을 탓하고 소박하려 하셔서, 산천 기도를 하고 돌아왔습니다."

"산천 기도 정도로 자식을 점지 받을 수 있다면 이 세상에 자식 없는 사람이 어디 있겠소?"

이 위공은 탄식하며 부인의 경솔함을 비웃고 가엾게 여겼다. 그런데 그날 밤, 꿈을 꾸었는데 신선이 나타나서 말하였다.

"하늘나라에서 옥황상제께 죄를 지은 태을진군을 인간으로 내려보내 그대의 자식으로 점지하였으니 귀하게 키우도록 하거라."

신선은 말을 마치고 사라져 버렸다. 이 위공은 꿈을 깨어 부인에게 그 이야기를 해 주었다.

"당신의 기도가 간절하여 내가 이런 꿈을 꾸었으나, 그 영험이 맞는 지는 두고 보아야 할 것이오."

부인은 이 위공의 말을 듣고 크게 기뻐하였다. 그리고는 자기가 대성사 불전에 치성드린 사실을 말하고, 그날 밤에 꿈을 꾼 얘기도 하였다.

그 후에 과연 부인은 아이를 갖고, 이듬해 4월 초파일이 되었다. 이 위공은 밖에 나가고 부인 혼자 집에 있는데 갑자기 오색 안개가 집을 에워싸고 그윽한 향기가 집 안으로 가득 넘쳤다. 부인은 기꺼운 마음으로 시녀들을 시켜 집 안을 깨끗이 치우도록 하였다. 그랬더니 정오부터 몸이 불편하여 방에 누워 있었다. 그 때 하늘에서 학 울음소리가 나며, 한 쌍의 선녀가 방으로 들어와서 말하였다.

"이제 시간이 다 되었습니다."

왕 부인이 선녀의 소리를 들으며 침상에 누웠더니 아무런 고통 없이 어린아이의 울음소리가 들렸다. 선녀가 옥병의 물을 따라서 어린아이의 몸을 씻겼다. 그러고 나서 일어나 가려고 하였다. 그러자 부인이 다급하게 물었다.

"어디서 오신 누구시길래 이렇게 누추한 곳까지 와서 수고를 해 주셨는지요? 한편 불안하고 한편 고마워서 그럽니다."

"우리는 하늘나라에서 해산을 돌보는 선녀랍니다. 옥황상제의 분부를 받고 아기를 보러 왔는데, 이 아이의 배필이 남군 땅에 있어서 그 아이를 보러 가는 길이라 바쁩니다."

"그렇다면 이 아이의 배필은 어느 가문에서 나오며, 그의 이름은 무엇입니까?"

"그 아이의 부친은 김전이라고 하고, 그 아이의 이름은 숙향이라고 합니다."

말을 마친 후 선녀들은 사라져 버렸다. 부인은 잊어버릴까 봐 종이를 꺼내어 선녀가 이야기해 준 내용을 적어 놓았다.

이 날, 이 위공이 꿈을 꾸었는데 하늘에서 선관이 내려와 부인에게 벼락을 쳤다. 깜짝 놀라 꿈에서 깨었는데, 바로 그 순간 황제로부터 조정으로 들라는 전갈이 당도하였다. 이 위공은 조정으로 들어가 황제를 뵈었다. 그는 간밤의 꿈 이야기를 하고 급히 고향으로 돌아가서 부인을 보아야겠다고 아뢰었다. 그러자 황제가 물었다.

"혹시 경의 부인이 잉태를 하고 있소?"

"황공합니다. 늦도록 자식이 없더니 갑자기 잉태를 하여 이 달이 바로 산달입니다."

"아, 그렇군. 짐이 천기를 보니 낙양성에 태을성이 떨어지는지라 비범한 사람이 나겠구나 믿었는데, 과연 경의 집에 경사가 났소. 귀하게 길러 경의 뒤를 이어 짐을 돕도록 하시오."

"성은이 망극하옵니다."

이 위공은 황제의 황공한 말에 감사를 드리며 집으로 돌아왔다. 그런데 과연 부인이 순산을 하였다. 위공은 크게 기뻐 곧장 아기를 보러 갔다. 어린아이의 얼굴이 어젯밤 꿈에서 본 선관의 모습과 똑같았다. 위공은 크게 놀랐다. 이름을 선이라고 짓고 자를 태을이라고 하였다.

선은 태어난 지 5개월이 되자 말을 하기 시작하였다. 다섯 살이 되니 모르는 글이 없었고, 열 살에는 문장이 뛰어나 그 이름을 온 나라에 떨쳤다. 그 때부터 유명한 가문에서 다투어 청혼을 하였다. 그러나 선은 늘 이렇게 말하였다.

"나는 월궁 소아가 아니면 결혼하지 않아요."

그러니 위공은 며느리 선택에 늘 고심을 하지 않을 수 없었다. 하루는 선이 부친에게 말하였다.

"가까운 날에 나라에서 과거를 실시한다고 하니, 한번 구경하고자 합니다."

"너의 재주로는 능히 과거에 합격할 수 있으나 벼슬을 하면 나랏일에 얽매이게 될 터인데, 그러면 우리와 헤어져서 얼마나 쓸쓸하게 지내겠느냐?"

부친은 이렇게 말하며, 반대 의사를 나타내었다.

선은 마음이 울적하여 근처의 산과 물을 찾아다니며 시간을 보냈다. 하루는 돌아다니다가 한 곳에 이르니 대성사라는 큰 절이 있었다. 선은 안으로 들어가 절을 둘러보다가 몸이 피곤하여 난간에 기대어 잠시 잠이 들었다. 그런데 꿈속에서 부처가 나타나 말하였다.

"오늘 왕모의 잔치가 열리므로 그 곳에 선관 선녀가 많이 모인다 하니 나를 따라와 구경을 하거라."

선이 부처를 따라 한 곳에 이르니, 그 곳에는 연꽃이 만발해 있었다. 그리고 장엄한 누각이 보는 사람에게 위압감을 주며 우뚝 서 있었다. 부처가 선에게 말하였다.

"저기, 오색구름에 휩싸인 탑 위에 앉아 계신 분이 옥황상제이시고, 그 뒤에는 삼태성이 온갖 것을 거느리고 앉아 있다. 또한 동쪽의 황금탑 위에는 월궁 항아가 계시니, 모든 선녀들이 그 옆을 지키고 앉아 있다. 그리고 서편의 백옥탑 위에 앉으신 분이 석가 여래로, 모든 부처를 거느리고 계시단다. 내가 먼저 들어갈 것이니 그대는 내 뒤를 따르라."

"너무 장엄하여 어디가 어딘지를 모르겠습니다. 겁부터 납니다."

부처가 웃으면서 소매 안에 손을 넣어 대추알만한 붉은 열매를 주면서 먹으라고 하였다. 선은 그것을 두 손으로 공손하게 받아먹었다. 그 순간 정신이 맑아지면서, 하늘나라에서의 일이 떠올랐다.

자기가 하늘나라의 태을진군으로서 옛날에는 옥황상제 앞에서 모든 일을 받들어 하던 일, 월궁 소아와 애정의 글을 주고받던 일, 그리고 약을 훔쳐서 주던 일들이 모두 떠올랐다. 또한 그 곳에 모인 선관들이 모두 옛날 하늘나라에서의 친구들이어서 반가웠다.

선은 먼저 옥황상제에게 인사를 드렸다. 그러고 나서 여러 선관들에게 인사를 하였다. 그들은 선을 알아보고 반가워하였다. 상제는 선에게 인간 세상에서의 재미가 어떠냐고 물었다. 선은 땅에 꿇어 엎드려 전생의 죄를 사죄하였다.

옥황상제가 웃으면서 선녀에게 반도와 계수나무 꽃 한 송이를 내려 주라고 하였다. 선녀가 반도와 계수나무 꽃을 건네자 선이 고개를 숙여 그것을 받아들었다. 그가 선녀를 한번 바라보았다. 그러자 선녀가 부끄러워 몸을 돌리는데, 그 때 손에 끼고 있던 옥반지에 박혀 있던 진주가 계수나무 꽃가지에 걸려 떨어졌다. 선이 허리를 굽혀 진주를 집었다. 그 때 종치는 소리가 들려 놀라 깨어 보니 꿈이었다.

선은 그 꿈이 하도 신기해서 꿈에 본 광경을 그대로 글로 묘사하고, 부처님께 절을 올리고 집으로 돌아왔다. 그 뒤부터 선은 밤낮으로 꿈에서 본 선녀(숙향) 생각이 나서 아무 일도 할 수가 없었다.

그러던 어느 날이었다. 동자가 아뢰기를, 남선 땅에 사는 사람이 이선을 만나려고 찾아와 기다리고 있다고 전하였다. 이선이 그 사람을 부르자 그가 절을 하며 말하였다.

"저는 남선 땅에서 그림을 그리며 살아가는 조적이라고 합니다. 수놓은 족자를 하나 구해 두었습니다. 그런데 그 경치에 제목과 글을 붙이려 하는데, 뛰어난 문장이 없어서 지금까지 미루다가 공자의 소문을 듣고 이렇게 찾아왔습니다. 원하건대 물리치지 마시고 저의 소원을 들어 주십시오."

조적은 수놓아진 족자를 꺼내어 이선 앞에 내놓았다. 이선이 그것을 들고 살펴보니 자기가 꿈속에서 본 바로 그 곳, 하늘나라의 풍경이 자세하게 수놓아져 있었다. 이선은 깜짝 놀라 조적에게 물었다.

"이 족자를 어디서 구했나요?"

"아니, 공자께서는 왜 그렇게 놀라십니까?"

조적은 속으로 그 노파가 혹시 이 집에서 족자를 훔쳐다 판 것이 아닌가 생각하였다. 그런데 이선이 웃으며 다시 물었다.

"허허, 참 이상한 일이오. 실은 내가 예전에 보았던 것이라 그러니 사실대로 이야기해 주시오."

"낙양 동촌리에서 술을 파는 늙은 할미에게 산 족자입니다."

"이것은 다름 아닌 하늘나라의 요지도요. 우리에게는 필요하나 그대에게는 그다지 필요하지 않을 듯하니 나에게 팔고 가시오."

이선이 하도 간절하게 부탁을 하였으므로 조적은 그 족자를 육백 냥에 팔고 갔다. 이선은 직접 지은 글을 그림 위에다 쓰고 다시 족자를 꾸미며서 자기 방에 걸어 두고 밤낮으로 바라보았다. 그림과 같이 있으니 몸은 비록 이승에 있으나 마음은 요지에 있는 것 같았다. 이선은 매일 숙향을 그리워하였다. 어떻게 하면 숙향을 만날 수 있을까 하고 날마다 초조해하였다. 그러다가 하루는 문득 깨달은 바가 있었다.

"나는 요지에 다녀왔기에 그 광경을 자세히 알고 있지만, 그 수를 놓은 사람은 어찌하여 인간으로서 하늘나라의 일을 그렇게 자세하게 알고 있을까? 분명히 보통 사람은 아닐 것이다. 동촌리의 노파를 찾아가서 수놓은 사람에 대해 알아보아야겠다."

이선은 부모에게 산수를 구경하고 오겠다고 말한 후 동촌리로 노파를 찾아갔다.

이 때 마침 숙향이 마루에서 수를 놓고 있었는데, 갑자기 파랑새가 석류꽃을 입에 물고 날아와 숙향의 옆에 앉는 것 같더니 다시 북쪽으로 날아갔다. 숙향이 이상하게 여겨 발을 걷고 파랑새가 날아간 북쪽을 향하여 바라보니, 마침 한 소년이 노새를 타고 자기 집을 향하여 다가오고 있었다.

숙향이 자세히 바라보니, 꿈 속에서 요지에 갔을 때 반도를 받고 자기의 옥반지에서 빠진 진주알을 집어 주던 그 선관의 모습과 똑같았다. 속으로 반가우면서 한편으로 너무 놀라 발을 내리고 가만히 앉아서 그 소년의 행동을 살펴보았다. 소년은 곧바로 숙향의 집으로 찾아와서 주인을 찾았다. 노파가 나가서 알아보니, 북촌의 이 위공 댁 귀공자였으므로 공손히 맞이하였다.

"공자께서 이 누추한 곳을 다 찾아 주시니 참으로 영광입니다."

"산수를 돌아보던 길에 들렀으니 술 한잔만 주시오."

그러면서 다시 말을 이었다.

"요지 그림을 수놓은 것을 할머니가 팔았다고 하던데, 그 수를 놓은 사람이 누구입니까?"

"그 수는 소아라는 소녀가 놓은 것입니다. 그런데 왜 물으십니까?"

"그 수를 놓은 소녀를 만나고 싶소이다."

"그 소아를 찾아서 어찌하려고 그러십니까?"

노파는 궁금하기도 하고 염려되기도 하여 계속 캐물었다.

"나와의 천생연분이 있어서 그러는 겁니다."

"소아는 원래 전생에 죄를 많이 지어 한 눈이 멀고 또 한 다리와 한 팔을 못 쓰는 쓸모 없는 아이입니다. 천생연분이라고 찾는 것부터가 헛된 일입니다."

"병신 아니라 그보다 더한 것이라 해도 괜찮소. 나는 소아가 아니면 결코 혼인을 하지 않을 것이오. 그러니 제발 좀 만나게 해 주시오."

이선은 노파에게 간절히 부탁하였다. 그러나 노파는 한사코 이선의 청을 거절하였다.

"귀공자께서는 황제나 지체 높은 집안의 사위가 될 터인데, 어찌하여 그런 천한 여자를 배필로 삼으려고 하십니까? 그런 허황된 말씀은 다시 하지 마십시오."

"귀족의 딸이 아니라 천자의 공주라도 나는 싫소. 바라건대 할머니는 어서 소아가 있는 곳을 가르쳐 주세요."

"나도 소아를 본 지 하도 오래 되어 지금은 있는 곳을 모릅니다. 남양 땅의 김전을 찾아보도록 하시오. 만약 거기에 없거든 장 승상 댁을 찾아보시오. 이승에서의 인간 이름으로는 숙향이라고 합니다."

집으로 돌아온 이선은 부친에게 이렇게 말하였다.

"형주 땅에 문장에 뛰어난 사람이 있다 하니 찾아가서 만나 보고 오겠습니다."

부친은 선의 말을 그대로 믿고는 대견스러운 마음이 들어 허락하였다. 이선은 황금을 두둑하게 가지고 부모님께 인사를 드린 후 길을 떠났다.

그는 형주 땅에 도착하여 여러 날 만에 김전의 집을 찾았다.

"소생은 낙양 북촌에 살고 있는 이 위공의 아들 선이라 합니다."

그러자 김전이 말하였다.

"이런 누추한 곳에 손님이 찾아오시니 고맙습니다만, 무슨 일이신지요?"

"제가 이 먼 곳에 있는 댁을 찾아온 것은 다름이 아니라 댁의 따님에게 청혼을 하러 왔습니다."

이선의 말을 들은 김전은 눈물을 글썽거리며 대답하였다.

"나는 원래 팔자가 기구하여 젊어서는 자식이 없다가 늙어서야 딸아이 하나를 낳았는데, 아이가 총명하여 다른 아이와 다르더니, 난리가 나서 피난길에 나섰다가 잃어버린 후 지금까지 생사를 모르고 있소. 그런데 오늘 그대의 청혼을 들으니 슬픈 마음이 들어 애간장이 끊어지는 것 같소."

이선은 김전에게 위로의 말을 하고는 장 승상 댁을 찾아갔다. 장 승상은 이선을 반갑게 맞아 주었다.

이선은 김전에게 하였던 말을 장 승상에게도 똑같이 하였다.

장 승상은 이선의 말을 듣고 눈물부터 흘렸다. 그러면서 슬픈 사연을 이야기해 주었다.

"숙향은 다섯 살 때에 짐승이 물어다가 내 집 동산에 버리고 갔소. 그때 우리에게 자식이 없어서 양녀로 삼아 10년을 길렀소. 그런데 사향이라는 종년이 도둑 누명을 씌워 내쫓게 되었소. 그러자 숙향은 누명을 씻기 위하여 표진강 물 속으로 뛰어들었다고 하오. 사람을 보내 구해 보려고 애를 썼으나 아직도 생사를 몰라서 애가 타 죽겠소."

"바라건대 제가 분명히 승상 댁에 있다는 이야기를 듣고 찾아온 것이니, 다른 핑계로 물리치지 마십시오. 부디 저의 청혼을 받아 주시고 낭자를 만나 볼 수 있게 해 주십시오."

이선은 장 승상이 자기의 청혼을 피하는 것으로 생각하고 이렇게 말하였다.

장 승상이 정색을 하고 말하였다.

"그게 무슨 말이오? 숙향이가 나의 친딸이라도 이 위공의 자제분과 결혼을 하는 것이 과분한 일인데, 어찌 핑계를 대고 거절을 하겠소? 이것은 모두 우리의 운명이 기구한 탓이오."

"제가 듣기로는 숙향 낭자가 병신이라던데 비록 이 댁을 나갔다고 하더라도 어느 곳으로 멀리 갈 수 있었겠습니까?"

이선은 장 승상의 이야기가 믿어지지 않았다. 그래서 이 댁 아니면 근처의 어느 곳에라도 있지 않겠느냐고 생각한 것이다. 이선의 끈질긴 추궁을 장 승상은 안타깝게 여기며 이선을 달랬다.

"우리가 숙향을 잃은 뒤에 화상을 그려서 방에 장식해 두었으니, 정 내 말을 못 믿겠거든 방에 가서 보시구려."

이선은 장 승상의 안내로 부인의 방으로 들어갔다. 방에는 한 폭의 그림이 걸려 있었다. 이선이 자세히 보니 눈에 익은 선녀의 모습이었다. 그는 너무 반가운 마음에 떨리는 목소리로 물었다.

"제가 듣기로는 숙향이 병신이라고 하던데, 이 그림은 병신 같아 보이지 않으니 참으로 이상하군요."

"병신이라뇨? 숙향은 원래 정상적인 사람이에요. 이 그림은 열 살 때 그린 모습인데, 그 후로 더욱 예뻐졌지요. 숙향이 병신이라는 말은 금시초문입니다."

"승상께 간청이 있습니다. 숙향 낭자를 찾아왔다가 그냥 가니 너무 섭섭합니다. 바라건대 이 그림을 저에게 주시면 값은 얼마든지 드리겠습니다. 부디 제 청을 들어주십시오."

장 승상은 이선의 사정이 딱하였으나 부인이 그 그림을 보지 못하면 서운해할 것을 알기 때문에 내어 줄 수 없었다.

"공자의 정성이 그토록 지극하니 내 마음 같아서는 내어 주고 싶소만, 그것이 없어지면 집사람이 아마 실성을 할 겁니다. 그러니 줄 수 없을 것 같소."

장 승상이 끝끝내 거절을 하였으므로 이선은 할 수 없이 인사를 하고 나왔다. 그는 혹시나 하는 마음으로 표진강 가로 왔으나 알 길이 없었다. 이선이 크게 낙담하여 앉아 있는데, 어떤 노인이 나타나 그 때의 상황을 이야기해 주었다.

"몇 년 전에 아주 예쁜 소녀가 장 승상 댁에서 나와 이 곳 물가에서 하늘에다 큰절을 하고 물 속으로 빠져 죽었소."

이선은 숙향이 참으로 억울한 물귀신이 되었다고 믿고 낙담을 하였다. 외롭게 죽어간 혼백을 위로해 주려고 향과 초를 피워 강가에서 제사를 지냈다. 그 때 물 위에서 피리 소리가 나더니 푸른 옷을 입은 동자

한 명이 작은 배를 타고 다가왔다. 동자가 이선에게 다가오며 말하였다.

"숙향 낭자를 보려거든 이 배를 타십시오."

이선은 뜻밖의 말에 놀라며 배에 올라탔다. 배는 나는 듯이 미끄러져 갔다. 잠시 후에 배가 어떤 곳에 도착하였다. 동자가 말하였다.

"이 곳의 물을 지키는 신령이 숙향 낭자를 구하여 동다하로 보내셨다 하니 그 곳으로 찾아가 보세요."

이선은 동자와 작별하고 동다하 쪽으로 걸어갔다. 도중에 스님 한 분이 지나가므로 길을 물었다. 스님이 말하였다.

"이 곳에서 조금 더 가면 감투를 쓴 노인이 있을 것이오. 그 분께 물으면 자세히 알려 줄 것이오."

이선은 스님의 말대로 계속 갔다. 그러자 소나무 아래 바위 위에 한 노인이 감투를 쓴 채 졸고 있었다. 이선은 그 노인 앞으로 가서 공손히 절을 하였다. 그러나 노인은 이선을 본 체도 하지 않았다. 이선이 다시 정중하게 인사를 하고 나서 조용히 물었다.

"저는 지나가는 행인입니다. 물리치지 마시고 길을 가르쳐 주십시오."

그러자 졸고 있던 노인은 실눈을 뜨면서 낮은 목소리로 말하였다.

"무슨 말인지 통 알아들을 수 없구먼. 나는 귀가 먹었으니 더 큰 소리로 말해 봐."

"저는 낙양 이 위공의 아들이옵니다. 숙향이라고 하는 낭자를 만나러 왔으니 길을 가르쳐 주십시오."

이선은 목소리를 크게 하여 애원을 하였다. 노인은 얼굴을 약간 찌푸리며 말하였다.

"나는 숙향이라는 사람이 어떻게 생겼는지도 모른다. 어린 녀석이 어찌하여 함부로 잠을 깨우느냐?"

이선은 기가 막혔으나 꾹 참고 다시 절을 하며 물었다.

"표진강 물신령께서 어르신을 소개해 주셔서 이 먼 곳을 찾아왔습니다. 부디 가르쳐 주십시오."

"예전에 어떤 소녀가 표진강 물에 빠져 죽었다는 소문은 들었다만, 그것은 나도 모르는 일이다. 아마 표진강 용왕이 너에게 제물을 얻어 먹고 어쩔 수 없으니 나에게 미룬 모양인데 내가 그걸 어떻게 알겠느냐? 혹시 예전에 이 곳 갈대밭에서 불에 타 죽은 그 소녀일는지도 모르겠구나."

"이 곳까지 와서 불에 타 죽다니요? 설마 그럴 리가 있습니까?"

"못 믿겠으면 저기 잿더미를 보거라."

이선은 또다시 낙심하며 잿더미가 있는 곳으로 갔다. 불탄 자리에 재는 남아 있었으나 사람이 탄 흔적은 없었다. 이선은 다시 졸고 있는 노인에게로 와서 말하였다.

"제 사정을 가엾이 여기시어 부디 속이지 마시고 사실대로 일러 주십시오."

"네 정성이 갸륵하니, 내가 잠이 들어 숙향이 있는 곳을 알아보고 오마. 그 동안 너는 발바닥이나 시원하게 주무르고 있거라."

이선은 노인의 말을 따라, 그 날 하루 종일 잠이 든 노인의 발을 주물렀다. 실컷 자고 난 노인이 기지개를 켜며 말하였다.

"네 정성이 기특해서 내가 마고할미 집으로 가 보니 지금 숙향이가 열심히 수를 놓고 있더구나. 내가 그 증거로 불똥을 떨어뜨려서 수놓아진 봉황새 날개를 태우고 왔으니, 곧장 마고할미 집으로 가 보거라. 숙향을 찾거든 수놓은 봉황의 날개를 살펴봐라. 그러면 분명히 내가 그 곳에 갔다 왔다는 사실을 알게 될 것이다."

이선은 이미 그 할머니 집에 갔다 온 이야기를 하였다. 그러자 노인이 껄껄 웃으며 큰 소리로 말하였다.

"네가 지성으로 빌면 마고할미가 네 뜻을 이루어 줄 것이다."

이선은 노인에게 인사를 하고 길을 떠났다.

이선은 마고할머니에게 가지 않고 집으로 돌아왔다. 그 동안 이선이 돌아오지 않아 걱정하고 있던 부모님이 반가이 맞아 주었다.

"그 동안 어디를 그렇게 오래 돌아다녔느냐?"

"유람 중에 경치에 매혹되어 늦어졌습니다."

한편, 동촌리의 노파는 이선을 속여서 돌려보낸 후 숙향에게 가서 물었다.

"아까 우리 집에 오셨던 손님을 보셨소?"

"보지 못하였습니다."

"그 소년이 바로 천상에서 태을진군이라고 하던 선관인데, 바로 아가씨의 배필이오. 하지만 아깝게도 하늘나라에서의 죄가 너무도 무거워 한 눈이 멀고 한 팔을 못 쓰는 병신이라오."

"그 분이 정말 천상의 태을진군이라고 한다면 병신인들 어떻습니까? 제 옥반지의 구슬을 가진 분이 바로 태을낭군이니 할머니께서는 앞으로 자주 보살펴 주십시오."

하루는 숙향이 마루에서 수를 놓고 있었다. 그 때 갑자기 하늘에서 불똥이 하나 날아와 수를 놓은 봉황의 날개를 태워 버렸다. 숙향이 노파에게 그 이야기를 하니, 노파는 깜짝 놀라며 혹시 화덕진군이 왔다 간 모양이라고 하였다. 그러나 그 사실 여부는 다음에 알 수 있을 것이라고 하였다.

이선은 집으로 돌아온 지 사흘 만에 몸을 정결히 하고 꿈 속에 요지에 가서 얻은 진주와 요지도를 수놓은 족자를 가지고 다시 동촌리 마고할미 집을 찾아갔다.

노파는 이선을 알아보고 반갑게 맞이하였다.

"지난번에 공자가 왔을 때는 변변히 술도 대접을 못 하였으나 오늘은 흠뻑 마셔 보세요."

"지난번에는 술값도 못 치르고 떠났으니, 오늘은 후하게 갚겠소. 그때 할머니 말씀을 곧이듣고 숙향 낭자를 찾아 헤매다가 고생만 하고 왔소."

이선은 농담 반 진담 반으로 노파에게 원망의 말을 하였다. 노파가 한바탕 웃더니 말하였다.

"호호, 술값을 주신다면 사양을 하겠소? 그러나 내 집이 비록 가난하다고는 하지만 술독 아래에는 술샘이 있고, 술독 위에는 술우물이 있으니 술값이 뭐가 필요하겠소? 그런데 공자는 어찌하여 그토록 헤매고 다녔소?"

이선은 한숨을 한 번 크게 쉬고 말하였다.

"숙향 낭자를 찾으러 다녔다고 하지 않았소?"

"공자께서는 의리가 있는 사람이오. 그런 병신을 찾겠다고 온 천지를 돌아다니시니 숙향이가 안다면 매우 감격하겠소."

"내가 아직 숙향 낭자를 만나지 못하였으니, 낭자가 나의 마음을 어찌 알겠소?"

노파는 이선의 말을 듣고는 놀라는 체하였다.

"그렇다면 숙향이가 이미 다른 데로 시집이라도 갔단 말이오?"

"하하하, 할머니. 이제 그만 나를 속이시오. 나도 다 알고 왔소. 화덕 진군의 말을 들으니, 숙향은 지금 이 곳에서 수를 놓고 있다고 하더이다. 할머니께 이토록 간절히 빌겠으니 부디 숙향을 만나게 해 주시오. 이제 그만 내 속을 태우시오."

그러나 노파는 정색을 하고 말하였다.

"공자께서는 거짓말도 잘 하시오. 화덕진군이라면 하늘나라의 남천문 밖에 있는 불을 다스리는 선관인데, 공자께서 감히 어떻게 만났다는 것이오?"

이선은 노파의 태도에 어이가 없었다.

그래서 자기가 화덕진군을 만나고 있을 때, 이 집에서 숙향이가 놓고 있는 수에 불똥을 떨어뜨려 봉황의 날개를 태우고 왔다고 하며, 그것을 확인해 보라고 한 말을 전해 주었다. 그래도 노파는 여전히 딴청을 부렸다.

"세상에 어떻게 그런 일이 있을 수가 있소?"

이선은 노파의 태도에 탄식을 하였다.

"할머니께서 만약 나를 속이는 것이 아니라면 나도 이제 어떻게 해야 할지 모르겠소. 이 세상 천지를 다 찾아다녀 보아도 만날 수 없으니, 이제 나는 죽을 수밖에 없소."

말을 마치고 이선은 슬픈 얼굴로 선뜻 일어섰다. 그러자 노파는 당황한 얼굴로 말하였다.

"공자는 뛰어난 가문의 귀공자로서 훌륭한 짝을 만나 즐거움을 누리실 분인데, 어찌하여 미천한 숙향이를 잊지 못하고 있는 거요?"

"내가 몰랐을 때는 무심하였는데, 천생연분인 숙향 낭자가 이 세상 어딘가에 있다는 것을 안 뒤로는 잠도 못 자겠고, 밥도 못 먹겠고, 더욱이 숙향 낭자가 나 때문에 고생을 하다 불구의 몸이 되었다고 하니, 어찌 내 가슴이 아프지 않겠소? 내가 숙향 낭자를 찾지 못한다면 결코 인간으로 살아 있지는 않을 거요."

"공자께서는 너무 낙망하지 마시오. 정성이 그렇게 극진한데 하늘인들 무심하시겠소?"

"내가 낭자를 만나고 못 만나고는 오직 할머니께 달려 있소. 가엾은 인생을 굽어 살피시어 내 소원을 이루게 해 주시오."

이선은 노파에게 인사를 하고 나왔다.

그런데 사흘 후에 집 앞에 나와 서 있는데, 마침 동촌리 노파가 나귀를 타고 그 앞을 지나가고 있었다. 이선이 반갑고 한편으로는 놀라서 물었다.

"할머니께서 여기는 웬일인가요?"

"공자의 정성이 하도 지극하여 숙향을 찾으러 갔다 오는 길이라오."

"아, 그렇습니까? 그럼 숙향 낭자의 소식을 알아 냈소?"

"글쎄, 그게 좀 난처하게 되었지 뭐요. 실은 숙향이라는 이름을 가진 낭자 셋을 알아 냈는데, 그 중에서 공자가 한 명을 선택해야 할 것 같구려."

"그 세 낭자는 지금 어디에 있소?"

"한 명은 큰부자인 질갈의 딸이오, 또 한 명은 빌어먹는 거지아이이며, 나머지 한 명은 얼굴은 예쁘나 몸이 불구라오. 그런데 그 아이가 하는 말이 자기의 배필은 자기의 진주를 가져간 사람이니 그 증거를 보면 만나는 것을 허락하겠다고 하오."

노파의 말을 들은 이선은 기뻐서 어쩔 줄 몰랐다.

"그 진주를 찾는 여자가 바로 내가 찾는 숙향 낭자요. 내가 요지에 갔을 때 반도를 주던 선녀에게서 이 진주를 얻었으니 할머니도 한번 보시구려."

이선은 집 안으로 들어가 곧 새알만큼 큰 진주알을 가지고 와서 노파에게 보여 주었다. 그리고는 노파에게 말하였다.

"수고스럽겠지만, 이 진주를 가지고 가서 그 불구 소녀에게 보여 주고, 이것이 만약 자기 진주라고 하거든 할머니 댁에다 데려다 놓아 주세요. 그리고 날을 잡아 알려 주면 내가 혼수 일체를 장만하겠소."

노파는 승낙을 하고 진주를 받아 가지고 와서 숙향에게 보여 주었다. 숙향은 진주를 받더니 눈물을 흘리며 말하였다.

"이 진주는 분명 제 것입니다. 모든 일은 할머니께서 알아서 해 주세요."

노파가 다시 이선을 찾아가 이 사실을 알렸다. 그러자 이선은 돈 5백 냥을 주면서 혼사 비용으로 쓰라고 하였다. 그러자 노파는 그 돈을 다시 돌려 주며 말하였다.

"내가 비록 가난하다고 하나, 혼사 비용은 알아서 할 테니 이 돈은 두었다가 숙향 낭자에게 주시오."

이선에게는 고모가 한 분 있었다. 상서성 이품 벼슬인 좌복야 여홍의 부인이었다. 그는 자식이 없어서 이선을 친자식같이 아끼고 사랑하였다. 이선이 고모를 찾아가니, 고모가 반가워하며 맞아 주었다.

"내가 어젯밤에 꿈을 꾸었는데, 백룡을 타고 하늘로 올라가서 광한전이라는 궁궐로 들어갔더니, 한 선녀가 나와서 말하기를, '내가 사랑하던 소아를 너에게 줄 터이니 며느리로 삼아 귀하게 대해 주거라' 하더구나. 내가 너의 아내로 삼으려고 데려와서 보니 참으로 아름다운 낭자더구나."

이선은 하늘나라에서 월궁 소아로 있던 선녀가 인간 세상으로 내려와 숙향이라는 이름을 가졌는데, 이 소녀와 혼인을 하게 된 이야기를 자세히 말해 주었다. 고모는 이 말을 듣고 무척 기뻐하였다.

"나는 네 결혼을 찬성하지만, 네 부모의 마음이 나와는 다르니 그런 불구의 며느리를 받아들일지 의문이구나."

"아무리 부모님의 반대가 심하다 하여도 저는 숙향 낭자 이외의 다른 여자와는 결혼하지 않을 거예요."

"네가 만약 벼슬을 하게 되면 두 아내를 둘 수 있을 것이며, 또한 네 아버지가 서울에 가고 안 계시니까 내가 나서서 혼인을 진행하고, 두 번째 부인은 네 아버지의 뜻에 맡기는 게 어떻겠니?"

"아무쪼록 고모님께서 제 뜻을 이루게 해 주세요."

이선은 고모에게 여러 차례 부탁하고 집으로 돌아와 혼인날을 기다렸다.

드디어 혼인날이 되었다. 이선의 고모는 숙향의 집에 혼사에 필요한 기구가 없을 것이 염려되어 옷감과 기구를 준비하여 신부 집을 도와주었다. 또한 신랑도 혼사에 필요한 것을 모두 갖추어 신부 집으로 갔다. 신부 집에는 이미 많은 선관 선녀들이 찾아와 있었다.

이선과 숙향이 촛불을 밝히고 서로 절을 하자 정말로 하늘이 정해 준 부부 같았다. 다음 날, 이선이 고모에게 문안을 드리니, 고모는 신부가 정말 불구자냐고 물었다. 이선은 숙향의 얼굴 그림을 고모에게 드렸다.

"우선 며느리 얼굴이 궁금하면 이 그림을 보십시오."

"이 사람은 내가 꿈에서 본 바로 그 선녀로구나."

숙향의 초상화를 보던 고모는 깜짝 놀라며 반색을 하였다.

그러나 그 무렵, 이 혼인을 반대하는 이선의 어머니는 서울에서 나랏일 때문에 내려오지 못하고 있는 이 위공에게 이 사실을 알렸다. 이 위공은 이 소식을 듣고 크게 노하였다. 그는 곧 낙양 태수에게 연락하여 자기 아들을 유혹하는 숙향이라는 계집을 잡아다가 죽이라는 엄명을 내렸다.

어느 날 저녁 무렵, 까치가 숙향의 방 창문 앞의 나뭇가지에 와서 슬프게 울어 댔다. 숙향은 불길한 생각이 들었다.

'장 승상 댁의 영춘당에서 잔치를 할 때 저녁 까치가 울어서 뜻밖의 불행을 당했는데, 오늘 또 저녁 까치가 내 방 앞에서 울어 대니 필시 무슨 일이 생기겠구나.'

숙향은 결혼한 직후에 뜻하지 않은 일을 당하게 될까 봐 걱정이 되었다.

그날 밤이었다. 난데없이 관가의 포졸들이 들이닥쳐서는 다짜고짜 숙향을 잡아갔다. 무슨 이유인지도 모르는 채 잡혀 간 숙향을 태수가 엄하게 문초하였다.

"너는 도대체 무얼 하는 계집이기에 이 위공 댁 공자를 유혹하여 스스로 죽기를 바라느냐? 이 위공께서 엄명하시기를, 너를 잡아다 즉시 죽이라고 하셨다. 그러니 너는 나를 원망하지 말거라."

태수는 사령에게 숙향을 형틀에 잡아매고 치라고 명하였다. 숙향은 너무 놀라 울면서 말하였다.

"저는 다섯 살 때 부모를 잃고 동촌리 노파를 만나 의탁하고 있었는데, 위공 댁의 이 공자께서 구혼을 하셨기에 응하였습니다. 상민 태생이 양반댁 자제와 혼인하였다 하여, 그것이 어찌 제가 유혹한 죄가 되는 것입니까?"

"난들 그것을 어찌 알겠느냐? 이 위공의 분부이니 어찌 거역할 수 있겠느냐?"

태수는 위공의 명령이 하도 엄한지라 일의 옳고 그름을 가릴 생각도 하지 않았다. 형리가 매를 들고 사정없이 치려고 달려들었다. 그런데 어찌 된 일인지 형리의 팔이 굳어지면서 매를 칠 수가 없었다.

"음, 죄 없는 사람을 치려 하니 이런 일이 생기나 보다. 그러나 위공의 말을 어길 수는 없는 일이다. 너희의 팔이 움직이지 않아서 칠 수가 없거든 몸을 꽁꽁 묶어 깊은 물 속에 넣어 죽여라."

멍하니 서 있는 형리에게 태수가 다시 명하였다.

그 때는 밤중이었다. 마침 잠을 자던 태수의 부인이 꿈을 꾸는데 숙향이 울면서 부인 앞에 절을 하고는, '아버님께서 저를 죽이려고 하시는데 어머님께서 왜 저를 구해 주시려 하지 않습니까?' 하고 호소를 하였다. 장씨는 깜짝 놀라 일어나 시녀를 불렀다.

"영감님께서는 지금 어디 계시느냐?"

"이 위공 댁의 기별로, 그 댁의 새 며느리를 사형시키는 일로 동헌에 계십니다."

장씨는 깜짝 놀라 남편인 태수를 급히 내실로 오게 하여 울면서 말하였다.

"우리 딸 숙향이를 잃은 지 10년이 넘도록 꿈에 한 번도 나타나지 않더니, 조금 전에 꿈을 꾸니 숙향이가 나타나 아버지가 저를 죽이려 하는데 어머니는 왜 구해 주시지 않느냐고 원망하더이다. 꿈이 하도 선명하고 이상해서 그러는 겁니다. 도대체 그 여자는 어떤 사람인가요?"

"이 위공의 자제분이 정식으로 처를 얻기 전에 임시로 첩을 삼으니, 위공께서 노하여 잡아다 죽이라고 하였소."

"제아무리 지엄하신 명령이라고 하여도, 한 점 혈육도 없는 우리가 죄 없는 사람에게 악을 쌓으면 되겠어요? 그 여자를 놓아주도록 합시다."

태수 부부는 숙향의 처벌 문제를 놓고 망설이던 끝에 우선 옥에다 가두고 형편을 살피기로 하였다. 낙양 감영 깊은 옥중에 갇힌 숙향은, 남편 이선에게 자기가 죽는 것이나 알게 하려고 연락하려 하였으나 그 소식을 전할 수가 없어서 답답한 마음에 울고만 있었다.

이 때 갑자기 옛날에 자기를 안내해 주던 파랑새가 나타나 옥에 갇힌 숙향의 어깨에 앉았다. 숙향은 기쁜 마음에 급히 손가락을 깨물고 옷소매를 찢어 혈서로 사연을 쓰기 시작하였다. 그것을 파랑새의 발목에 매어 주고는 탄식하듯 빌었다.

"이 숙향이가 감옥에서 죽는 것은 슬프지 않으나 부모와 남편을 보지 못하고 죽으려니 눈을 감을 수 없을 것 같구나. 파랑새야, 네가 나의 원통함을 알고 있다면 이 소식을 꼭 이 위공 댁 자제분께 전해 다오."

파랑새는 마치 약속이라도 한다는 듯 세 번 울고는 창을 통하여 감옥 밖으로 날아갔다.

한편, 이선은 고모집에서 하룻밤을 자는데 마음이 왠지 어지러워 잠을 이루지 못하고 있었다. 그 때 파랑새가 날아와서 이선의 팔에 앉았다. 이선이 이상하게 생각하며 자세히 살펴보니 새의 발목에 웬 헝겊이 매여 있었다.

그것을 풀어 보니 숙향의 혈서였다. 그것을 본 이선은 정신이 하나도 없어, 고모에게 그것을 보여 주고 곧장 낙양 감옥으로 달려가려고 하였다.

"놀랄 일이지만 아직 경솔하게 움직이지 말고 동촌리 노파에게 시녀를 보내어 자세한 내용을 알아본 후에 처리하도록 하거라."

고모는 이 위공 댁의 하인을 불러 자세한 내막을 물어 알게 되었다. 그 이야기를 들은 고모는 크게 노하였다.

"아무리 선이가 위공의 아들이라고는 하지만 내가 친아들같이 키웠는데, 내가 주선한 혼사에 대해 이렇게 한다는 것은 매우 섭섭한 일이다. 동생이 죄 없는 사람을 죽이려 하니, 내가 직접 서울로 올라가 네 아버지를 만나 보겠다. 그래도 동생이 말을 듣지 않는다면 황후께 아뢰어 조처를 취하겠다."

고모는 말을 마치자마자 서울로 길을 떠났다.

이 때의 낙양 군수는 바로 김전이었다. 김 태수는 별로 내키지는 않았지만, 이 위공의 세도와 권력이 무서웠으므로 어쩔 수 없이 낭자를 잡아들였던 것이다. 숙향이 고운 얼굴에 약한 몸으로 큰 칼을 쓰고 동헌으로 끌려나왔을 때 김 태수가 신원을 확인하려고 물었다.

"네 나이와 성명을 바르게 대어라. 고향은 어디며, 부모는 누구냐?"

큰 칼을 쓴 채 꿇어 엎드린 숙향은 겨우 정신을 차리고 말하였다.

"제 아비는 김상서라 하고, 제 이름은 숙향이입니다. 나이는 열다섯입니다."

이 때 태수 곁에 나와 있던 부인이 이 말을 듣고 눈물을 흘렸다.

"저 애의 얼굴을 보니 우리 숙향이와 많이 닮았고, 나이도 틀림이 없고, 김상서의 딸이라고 하니 근본을 더 조사해 보세요."

김 태수가 부인의 말에 따라 다시 감옥에 가두고, 그 사연을 서울에 있는 이 위공에게 전하였다.

김 태수는 울고 있는 부인을 달래기 위하여 명하였다.

"여자의 몸이니 목에 씌운 칼이나 벗겨 주도록 하거라."

서울에 있는 이 위공은 낙양 태수 김전의 편지를 보고는 크게 노하였다. 곧장 김전을 계양 태수로 좌천시키고, 낙양 태수에 다른 사람을 임명하여 숙향을 기어이 죽이리라 작정하였다.

이 때 하인이 들어와서 말하였다.

"여 좌복야 댁의 부인께서 오셨습니다."

위공이 반가워하며 뜰 아래로 내려가서 맞이하였다. 그러나 부인은 인사도 받지 않고, 큰 소리로 화를 내며 위공을 꾸짖었다.

"요즘 세상에는 벼슬이 높아지고 위세가 커지면 동기간도 업신여기게 되는 게냐?"

이 위공은 영문을 몰라 어리둥절하였다.

"누님, 왜 이렇게 노하셨습니까?"

"내가 선이를 친자식같이 길렀다. 그런데 마침 적당한 혼처가 있기에 미처 너에게 연락하지 못하고 결혼을 시켰기로, 너는 내게 알리지도 않고 죄 없는 여자를 죽이려 하느냐? 대장부가 일을 그렇게 처리하고 어떻게 천하를 다스리겠느냐?"

"실은 이번 일을 누님께서 처리하신 줄은 몰랐습니다. 이 곳에서 마침 양왕이 청혼을 하기에 허락을 하였는데, 제가 연락을 해 보니 선이가 미천한 병신 계집과 혼인을 하였다고 비웃는 자들이 많다고 하여서 그렇게 하였습니다. 혼인은 인륜의 대사라, 감히 사람의 힘으로는 어찌할 수 없는 줄 압니다. 낙양 태수에게 연락하여 죽이지 말고, 멀리 보내도록 하라고 이르겠습니다."

여 황후는 조카 며느리가 왔다는 말을 듣고는, 곧 궁중으로 불러 머물게 하였다. 이씨 부인은 이선에게 편지를 보내어 숙향이 곧 풀려날 것이라고 알렸다. 그러나 이 위공은 아들 선이가 학업에 소홀할 것을 염려하여 서울로 올라오라고 하였다. 그리하여 이선은 숙향을 보지 못한 채 서울로 올라오게 되었다. 이선은 어머니께 인사를 드리면서 흐느껴 울었다. 어머니는 그런 아들을 보고 훈계와 위로를 하였다.

"네가 남보다 못한 것이 없는데, 어디 그만한 배필을 못 얻을까 봐 그러느냐? 부모를 속이고 그런 천한 여자를 얻어 같이 살게 되면 타락하게 된다. 그래서 이번 기회에 아버님께서 서울로 불러다가 공부를 시킨다고 하는데 뭘 그리 슬퍼하느냐?"

이선은 울음을 멈추고 그 동안 숙향을 만나게 된 자초지종을 모두 이야기하였다.

"어머니께서는 제 천생연분으로 생각하시고 부디 숙향을 집으로 불러 들여 주십시오."

"내가 그런 것을 전혀 몰랐구나. 네 말이 사실이라면 하늘이 주신 짝이 분명한데 내가 어찌 구박을 하겠느냐? 네 부친께서도 그런 사실을 알면 반드시 허락하실 테니 염려하지 말고 과거에 급제하고 돌아오너라. 네가 벼슬을 한 후에는 부모도 너 하는 일을 간섭하지는 못할 것이다. 그러니 꼭 과거에 급제하여야 한다."

이선은 그래도 못내 서운하여, 숙향을 못 만난다 하더라도 동촌리 노파나 만나 보고 가려 하였다. 그렇지만 부친의 명령이 엄하여서 거역할 수가 없었다. 그래서 편지로 숙향의 뒷일을 부탁하고 서울로 출발하였다.

서울에 올라가 부친을 만나니, 부친은 부모의 허락 없이 결혼한 것을 크게 꾸짖었다. 그리고는 곧 태학으로 보내었다. 아들을 서울에 둔 후에 이 위공은 황제께 하직 인사를 하고 고향으로 돌아왔다.

이 때 김 태수는 계양 태수로 좌천되어 갔고, 신임 낙양 태수로 다른 사람이 들어왔다. 새로 온 태수는 숙향을 옥에서 풀어 준 후에 낙양 근처에는 얼씬도 하지 말라는 명령을 내렸다. 동촌리 노파가 옥문 밖에서 기다리고 있다가 숙향을 부축하여 집으로 돌아와 보니, 마침 이선에게서 편지가 와 있었다. 숙향은 기운이 없었지만 반가운 마음으로 편지를 뜯어 보았다. 그러나 편지를 읽고 나니 슬픔은 더욱 커졌다. 숙향은 몸을 제대로 가누지 못하는 가운데 끝없이 눈물을 흘렸다. 그 편지의 내용은 이러하였다.

우리가 전생에 지은 죄가 제아무리 크고 무겁다고는 하나 이렇게도 인간 세상에서의 형벌이 가혹할 줄은 미처 몰랐소. 낭자가 옥중에 갇혔다는 전갈을 파랑새를 통하여 알고 난 후에 나는 곧장 낭자 곁으로 달려가 구하고 싶었으나, 앞뒤의 사리를 살펴 행동하는 것이 낫다는 고모님의 충고에 따라 어찌할 수 없이 애만 태우고 망설이고 있소. 아버님을 만나 낭자의 일을 상의하러 서울로 올라가신 고모님으로부터 낭자가 풀려날 것이라는 편지는 받았으나, 이 어찌 슬픈 일이 아니오? 낭자가 풀려난다는 소식은 천만다행이나, 한편 나더러 지체하지 말고 상경하라고 하시는 아버님의 지엄한 분부가 또한 무서우니, 이제 낭자도 보지 못하고 헤어지게 되었으니 앞으로 언제나 만나게 될지 모르겠소. 지금 내 가슴은 불 속에 뛰어든 나비와 같고 생각은 사막을 나는 기러기처럼 막막하기만 하오. 그러나 한 가지 낭자에게 부탁하고 싶은 것은, 기쁜 일이 다하면 슬픈 일이 오고, 괴로움이 다하면 즐거움이 오는 것이니, 우리의 마음이 변하지 않고 하늘의 정하심 또한 우리의 뜻과 같을 것이니 머지않아 꼭 다시 만날 것을 의심하지 마오. 낭자는 잠시 외롭고 고달프더라도 귀한 몸을 스스로 보전하여 다시 만나는 날까지 잘 있기를 바라오. 낭자를 위해서라도 내 꼭 과거에 급제하여 우리의 앞날이 행복해질 수 있도록 노력하겠소. 그럼 부디 안녕히 계시오.

숙향은 이선의 편지를 읽고는 하염없이 쏟아지는 눈물을 닦을 생각조차 못 하였다. 제아무리 하늘이 정하신 전생의 죄값이라고는 하지만 기막힌 자신의 운명이 너무도 야속하였다. 숙향은 편지를 부둥켜안고 소리를 내면서 탄식하였다.

"이랑은 서울로 가시고 나는 이 고장에 있지도 못하게 되었으니 이제 어디 가서 이 몸을 의탁해야 하나?"

그 때 노파가 말하였다.

"이것은 모두 한때의 불운인데, 너무 슬퍼하지 말고 차분히 때를 기다리도록 합시다. 이 곳에 오래 있으면 또 어떤 화를 당할지 모르니, 어서 세간을 정리해서 나와 함께 이 곳을 떠납시다."

숙향은 그 동안 정들었던 동촌리를 떠나 노파와 함께 다른 고장으로 가서 살게 되었다.

그러던 어느 날이었다. 노파가 울면서 슬프게 말하였다.

"나는 원래 천태산의 마고할미였다오. 낭자를 보호하라는 옥황상제의 명을 받고 인간 세계에 내려왔으나, 이제 낭자의 급한 화를 다 구해 드렸으니, 헤어질 때가 되었소. 여러 해 동안 함께 지낸 정을 생각하니 헤어지기가 섭섭하오."

노파의 말을 듣고 숙향은 깜짝 놀랐다. 숙향은 일어나서 큰절을 하고 그 동안의 은혜에 감사를 드렸다.

"미련한 인간이라서, 지금까지 할머니가 신선이었다는 사실을 모르고 있었습니다. 이제 헤어질 때가 되어 이렇게 알아보니, 그 은혜가 망극합니다. 그 동안 할머니의 보살핌으로 편안하게 지냈으나, 이제 할머니가 선경으로 돌아가시면 저는 누구를 의지하고 삽니까?"

"내가 청삽살개를 낭자 곁에 두고 가겠소. 어려운 일이 있으면 이 청삽살개가 도와드릴 거요."

"할머니께서는 언제 가시며, 가시는 길은 얼마나 먼 곳입니까?"

"내가 가야 할 길은 오만 팔천 리나 되며, 지금 곧 떠나야 하오."

숙향은 너무 갑자기 헤어지게 된 데 놀라서 울음이 터졌다.

"정 그러시다면 하루만 더 계시다 가세요."

숙향은 눈물을 흘리면서 간청하였다. 그러나 노파는 슬픈 듯 한숨을 길게 내쉬면서 말하였다.

"내가 가거든 그 동안 내가 입었던 옷가지를 염하여 관 속에 넣어, 저 삽살개가 발굽으로 파는 곳에 묻어 주오. 그리고 만일 어려운 일이 닥칠 때 그 무덤으로 오면 자연히 해결할 수 있을 거요."

노파는 입고 있던 적삼을 벗어 주고 작별을 고하였다. 그리고는 두어 걸음 가더니 갑자기 사라져 버렸다. 숙향은 그 적삼을 끌어안고 대성 통곡을 하였다.

한참 슬프게 울고 난 후에 정신을 차리고, 마고할미가 남기고 간 적삼을 장례 치르려 하였다. 적삼에 염을 하여 관 속에 넣고 예복을 갖추어 산소 터를 찾았다. 얼마쯤 가고 있는데 따라오던 청삽살개가 숙향의 치맛자락을 물고 끌어당기며 그만 가라고 하였다. 숙향은 삽살개가 발굽으로 땅을 헤집어 놓은 그 곳에다가 관을 묻으라고 상여꾼에게 부탁하였다. 그 후, 아침 저녁으로 제사를 정성껏 올리며 삽살개와 함께 서로 믿고 아끼며 세월을 보냈다.

그러던 어느 날이었다. 하늘이 푸르고 달이 밝은 밤이었다. 숙향은 잠을 이루지 못하고 수심에 잠겨 있다가 자신의 슬픔을 탄식하고 그 외로운 마음을 글로 지어서 책상 위에 놓고 잠이 들었다. 얼마쯤 잤을까? 창문을 때리는 발소리에 놀라 깨어 보니 책상 위에 놓아 둔 글과 함께 삽살개가 없어져 버렸다. 숙향은 놀라서 한탄을 하였다.

"불쌍도 하다, 내 기막힌 팔자. 할머니도 가 버리고, 나의 친구였던 개마저 가 버렸으니 이제 나는 외로워서 어떻게 사나?"

이선은 태학에 들어가 공부하기 시작한 뒤로 숙향의 소식이 궁금하여 걱정에 쌓여 있었다. 하루는 웬 청삽살개 한 마리가 이선을 향하여 걸어왔다. 자세히 보니 개는 입에 무엇인가를 물고 있었다. 기이하게 생각하여 그것을 빼어 보니, 숙향의 글씨가 보였다.

"가엾도다, 기박한 숙향의 팔자여. 전생의 죄가 얼마나 무겁기에 다섯 살 때 부모를 잃고 사방으로 떠돌다가, 하늘의 도움으로 이랑을 맞았으나 다시 이별하고, 쓸쓸하고 외로운 신세를 다시 할머니에게 의지하였는데, 할머니마저 하루아침에 하늘로 가시니, 이제 나 혼자 남아 누구를 의지하며 살아야 하나? 내가 살아서 이랑을 다시 만나지 못하면 부모를 어떻게 찾나? 슬프도다, 나의 기박한 신세여. 목숨을 끊어 이 세상을 떠나고자 하여도 내가 마땅히 죽을 땅도 없도다."

그리고 그 아래에는 시가 한 수 적혀 있었다.

바람은 소슬히 불어와 엷은 창을 때리고
저 하늘 밝은 달은 긴 밤을 하염없이 떠 가는데
이 밤도 외롭게 앉아 잠 못 이루는
오, 가엾은 나의 신세여
끊길 듯 끊길 듯 이어지는
실낱 같은 운명의 줄에 매달려
눈물과 탄식으로 해와 달을 보내고 맞이하는
이 기박한 소녀의 팔자여,
봄빛의 따사로움 속에서 나뭇가지에 새움이 돋는 까닭은
소슬한 가을 바람에 낙엽이 지는 것을 스스로 돕는
운명의 굴레일레라
첫정이 아쉬운 다섯 살 어린 나이에
가혹한 하늘의 형벌로 부모를 잃고
이 고을 저 거리로 문전걸식도 서럽게 하였건만
그 후 더욱 가혹한 형벌은 멈추지 않아
죽을 고비를 다섯 번이나 넘기고도
그래도 아직 노여움이 풀리지 않은
오, 하늘의 운명의 실낱 같음이여
이 내 가슴 깊은 구곡에 맺힌
이 층층이 쌓인 시름을 어느 누구에게 하소연하랴
푸른 하늘에 말없이 걸린 무심한 저 달과
끝없이 불어와 나의 시름을 더해 주는 소슬한 바람을
아마 지금쯤 이랑도 만나고 있지 않을까?
이 기막힌 운명의 실이 다 풀리기 전에
저 달이 떠오르는 곳으로, 저 바람이 불어오는 곳으로

이 밤을 내쳐 두고두고 달려간다면
혹시 그리운 임 만나 뵐 수 있을까

　이선은 숙향의 글을 보고는 너무 슬퍼 가슴이 아팠다. 특히 노파가 죽은 것을 알고 눈물이 나왔다. 음식을 가져다 개에게 주고, 편지를 써서 개의 목에다 걸어 주면서 당부하였다.
　"할머니가 돌아가셨으니 낭자가 얼마나 슬퍼하겠느냐? 이제 낭자는 너만 의지하고 지낼 것이니 어서 돌아가서 이 편지를 전하거라. 그리고 낭자를 잘 지켜 주거라."
　삽살개는 꼬리를 흔들고 달려갔다.
　이 때, 숙향은 개를 잃고 하루 종일 슬픔에 쌓여 흐느끼고 있었다. 밤하늘만 바라보며 눈물을 흘리고 있는데, 갑자기 청삽살개가 달려와서 숙향의 앞에 엎드렸다. 혹시 어디로 가서 죽지나 않았나 걱정하던 숙향은 반가워서 개를 끌어안았다.
　"그 동안 어디 가 있었니? 얼마나 배가 고팠니? 나를 버리고 어디 갔다 왔니?"
　그러자 개가 앞발을 긁어 대며 목을 쑥 빼고 고개를 숙여 보였다. 개의 동작이 하도 이상해서 자세히 살펴보니 목에 편지가 매여 있었다. 급히 풀어서 펼쳐 보니 이선의 편지였다.

　숙향 낭자 보시오. 낭자를 보고 싶어서 밤낮으로 그리워하고 있었는데, 뜻밖에 청삽살개가 당신의 글을 전해 주어, 너무 반가워 이 글을 보내오. 이 못난 사람이 죄가 많아 그대가 심한 고생을 하게 되고, 나는 밤낮으로 그대 생각을 하느라 공부가 안 되니 정말 미칠 것 같소. 그러던 중 그대의 소식을 전해 받으니, 그대의 모습을 보는 것처럼 반갑기 그지없소. 하지만 할머니가 돌아가셨다니 그대는 이제 누구를 의지하고 살며, 그 쓸쓸함을 생각하니 내 마음이 아프오. 막상 편지를 쓰려 하니 너무 슬퍼 무슨 말을 써야 할지 모르겠소. 그 동안 하고 싶었던 말을 어찌 편지에 다 쓸 수 있겠소? 옛말에 이르기를, 기쁨 뒤에는 슬픔이 오고, 고통이 다하면 즐거움이 온다고 하였으니 조금만 더 참고 기다려 봅시다. 머지않아 과거를 치르게 되니 내가 뜻을 이루게 되면 내 평생의 소원을 풀고 은혜를 갚겠소. 아무튼 내가 돌아갈 때까지 건강하게 잘 지내고 기다리시오. 당신과 생사를 함께하는 것이 나의 가장 큰 소원이오.

숙향은 편지를 다 읽고 나서 또 눈물을 흘렸다.
"지금 당장이라도 달려가 그리운 낭군님을 뵙고 싶은데, 서울이 여기서 5천 리나 되니 길이 너무 멀고 산이 아득하여 이 몸으로 찾아가기 힘들다. 또한 그렇게 길을 나선다 하여도 도중에 포악한 무리들을 만날까 두려워 그럴 수도 없구나."
숙향은 탄식하면서 이선의 편지를 손에 들고 끝없이 울었다.
그러던 어느 날, 숙향이 생각에 잠겨 앉아 있는데, 무서운 소식이 들려왔다. 그 때는 도적이 많았는데, 그 도적들이 할머니가 없는 것을 알고 숙향의 집에 침범한다는 소문이었다. 숙향이 동네 아이들을 불러 그 소문에 대해 물어보니 아이 하나가 대답하였다.
"내가 길에서 들으니, 낭자의 집에 보화가 많다고 하여 오늘 밤에 와서 보화를 빼앗고, 낭자를 납치해 자기네가 데리고 살 거라고 합니다."
그 말을 들은 숙향은 등골이 오싹해져 그 자리에 주저앉고 말았다. 해가 서산으로 기울고 저녁이 되자 숙향은 점점 더 초조해졌다. 그녀는 이리저리 생각하다가 한 가지 방법을 생각해 냈다. 숙향은 삽살개를 불러 말하였다.

"아이들 말을 들으니 오늘 도적들이 우리 집으로 온다고 하더구나. 나는 그들에게 치욕을 당하기 전에 내 스스로 죽어서 절개를 지키려고 한다. 지금 곧장 할머니 묘소로 가서 목숨을 끊고, 할머니 옆에 묻히려고 한다. 그러나 그 전에 네가 할머니 묘소로 가서 영혼에게 방법을 물어보고 오너라."

그러나 숙향이 말을 하여도 삽살개는 가만히 있었다. 숙향은 옷 두어 벌을 싸고는 개에게 할머니 묘소로 안내하라고 하였다. 그러나 삽살개는 누워서 꼼짝도 하지 않았다.

"네가 비록 짐승이지만, 지금 나의 일이 급하다고 생각하면 어서 일어나거라."

그 때서야 삽살개는 일어나서 옷 보퉁이를 입으로 물었다. 삽살개는 옷 보퉁이를 제 등에 얹고는 밖으로 나갔다. 숙향이 뒤를 따라가니, 개는 얼마쯤 가다가 어떤 무덤에 멈추어 섰다. 숙향은 그 곳이 할머니의 무덤이려니 생각하고, 그 곳에 엎드려 통곡을 하였다.

이 때, 이선의 모친 위공 부인이 완월루에 올라가 달구경을 하고 있었다. 그런데 멀리서 여자의 울음소리가 바람을 타고 들려왔다. 부인은 이상한 생각이 들어 하인을 불러 알아보게 하였다.

하인 한 명이 그 울음소리를 따라가 봤더니, 한 소녀가 무덤에 앉아 울고 있었다.

"낭자는 누구인데 이런 깊은 밤중에 홀로 울고 계신가요?"

숙향이 바라보니 나이 든 사람이 서 있었다. 숙향은 눈물을 훔치고 말하였다.

"나는 북촌에 사는 이 공자의 낭자 되는 숙향이온데, 오늘 밤 도적들이 들어와 저를 데려간다고 합니다. 그래서 저는 정절을 지키고자 예전에 은혜를 입은 할머니와 함께 묻히려고 죽으러 왔습니다."

하인은 그 말을 듣고 깜짝 놀랐다.

"아가씨께서는 진정하십시오. 저는 이 공자 댁 하인입니다. 마님께서 아가씨의 울음소리를 들으시고 사정을 알아보라고 보내셨습니다. 아가씨께서 이 곳에서 이렇게 고생을 하시는지 몰랐습니다. 우선 저희 집으로 가십시오. 그러면 앞으로 평안한 날이 올 것입니다."

숙향은 이 공자 댁 사람이라는 말에 정신이 번쩍 났다. 숙향은 눈물을 멈추고 말하였다.

"할아범이 그 댁 사람이라니 참으로 반가워요. 나는 이제 죽어도 한이 없을 것 같아요. 위공께서 나를 죽이라고 하셨는데, 내가 할아범 집으로 가면 나 때문에 할아버지도 위험하게 되니, 그냥 돌아가세요. 다만 한 가지 부탁하고 싶은 것은, 이랑이 서울에서 돌아오시거든 내가 이 곳에서 죽었다고 전해 주세요."

"아가씨의 말씀을 듣고 보니 정말 어떻게 해야 할지 모르겠습니다. 제가 급히 가서 마님께 아뢰고 오겠으니, 잠시만 기다리셔서 천금 같은 목숨을 절대로 가볍게 다루지 마십시오."

그는 말을 마치고 뛰어갔다. 삽살개는 등에 있던 보따리를 숙향의 앞에 갖다 놓았다. 마치 숙향에게 옷을 갈아입으라는 것 같았다. 숙향은 탄식을 하며 옷을 입었다.

"네가 만일 나보고 지금 죽으라는 뜻이면 발굽으로 땅을 파거라. 그러면 내가 그 곳에 누워 죽을 것이니, 네가 나를 덮어 두었다가 낭군께서 오시면 여기 묻혀 있다는 것을 가르쳐 드리거라."

그러나 개는 땅을 파는 대신 이 위공 댁 쪽을 바라보며 앉아 있었다. 숙향은 속으로 생각하였다.

'위공이 오시면 반드시 나를 죽이려 하실 것이다. 그렇게 되면 나중

에 위공의 신상에도 좋지 않을 테니, 내가 스스로 목숨을 끊어서 그런 일이 없도록 해야겠다.'

숙향은 수건으로 목을 매어 죽으려고 하였다. 그러자 삽살개가 달려들어 수건을 물어 빼앗았다.

"내가 죽고자 하는데 너는 왜 나를 말리느냐? 이렇게 구차하게 살아 있는다면 나중에 낭군을 만날 수 있겠느냐? 만약 그렇다면 할머니 산소를 향해 고개를 끄덕여 보거라. 만약에 그렇다면 죽지 않고 네 뜻을 따르겠다."

그러자 개는 할머니 산소를 향하여 고개를 세 번 끄덕이고는 얌전히 앉았다.

"네가 나의 죽음을 막으니 그렇게는 하겠지만, 앞으로 더 슬픈 일이 생길까 봐 두렵구나."

한편 늙은 하인은 자기 집으로 돌아가 아내에게 숙향을 자기 집에 데려다 놓으라고 이르고는, 위공 댁으로 가서 부인에게 사실대로 이야기했다.

부인은 그 이야기를 듣고, 위공에게 전하였다.

"들어 보니 사정이 너무 딱합니다. 데려다가 근본이나 알아보고, 행동거지를 살펴보는 것이 좋을 듯합니다."

부인의 말을 들은 위공은 사람의 목숨이 가엾게 여겨져 부인의 청을 허락하였다. 부인은 유모를 앞장서게 하여 가마를 보내 주었다. 그런데 유모는 이미 혼자서 숙향에게 찾아가서 말하였다.

"저는 이 공자의 유모입니다. 지난번에 들으니 공자께서 아가씨와 성혼을 하셨다고 하더군요. 그 후 옥중에서 곤경을 당하셨다 해서 슬펐습니다. 그런데 아까 왔던 사람이 저의 남편인데, 남편의 말을 듣고 공자님을 만난 것 같아 달려왔나이다."

"낭군님의 유모라고 하시니 제가 마음놓고 이야기할 수 있겠군요."

숙향은 그 동안 자기가 겪은 일을 이야기해 주었다. 그러나 이야기가 끝나기도 전에 유모의 남편이 하인들을 거느리고 와서 가마에 오르라고 하였다.

"위공의 명으로 부르신다니 가겠으나, 천한 몸이 어찌 가마를 타겠습니까? 걸어서 가겠습니다."

그러자 유모가 다시 권하였다.

"마님의 명이오니 어서 가마에 오르세요."

숙향은 마지못하여 가마에 올랐다. 위공 부인 앞에 이르니 시비들이 부인의 명을 받아 우르르 몰려나와서 숙향을 완월루로 모셨다. 숙향이 부인과 멀리 떨어진 곳에서 큰절을 하자, 부인은 가까이 와서 앉으라고 하였다. 부인은 숙향의 뛰어난 아름다움에 놀랐다. 시비들도 모두 놀라 입을 다물지 못하였다.

"인물이 이렇게 잘났으니 내 아들이 어찌 무심할 수 있었겠느냐?"

부인이 숙향에게 물었다.

"네가 태어난 곳은 어디이며 부모의 이름은 무엇이냐?"

숙향은 자기가 부모와 헤어질 수밖에 없었던 이야기를 하였다. 그러고 나서 말하었다.

"제가 태어난 곳과 부모님 성함은 너무 어릴 때의 일이라서 기억에 남아 있지 않습니다."

"그렇다면 장 승상 댁에서는 무슨 일로 나왔으며, 동촌리 할미에게는 어떻게 해서 가게 되었느냐?"

숙향은 사향이 자기를 모함하여 쫓겨난 일과 표진강에서 살아나 할머니를 만나게 된 이야기도 차근차근 하였다.

"어느 날 생각지도 않은 공자의 청혼을 받고 허락을 하였습니다. 그

바람에 옥중에서 죽을 고비를 넘기고, 다시 추방당하여 북촌에 가서 살고 있었는데 할머니마저 돌아가셨습니다. 너무 슬프고 외로워 청삽 살개를 의지하며 살고 있었습니다. 그런데 오늘 밤에는 도적들에게 쫓겨서 할머니 무덤 가에서 죽기로 결심하였습니다. 그런데 뜻밖의 부르심을 받아 여기에 오게 되었습니다."

부인은 또다시 이름과 나이를 물었다.

"제 이름은 숙향이라고 하며, 나이는 열여섯입니다."

"그렇다면 생일은 언제냐?"

"사월 초파일입니다."

부인은 크게 놀라며, 곰곰이 생각해 보더니 무릎을 치며 말하였다.

"네 모습이 과연 평범하지 않더구나. 우리 선이를 낳을 때 선녀들이 한 말을 기록해 두었는데, 이제야 내가 그것을 깨달았구나."

부인은 시녀에게 그 기록한 것을 가져오라고 하였다. 그것을 보니 '하늘이 정해 준 인연은 김전의 딸이며, 이름은 숙향'이라고 분명하게 씌어 있었다.

"부모가 누구인지 모르는데, 어떻게 생일을 기억하느냐?"

부인이 묻자, 숙향은 말없이 엎드렸다. 부인이 자세히 살펴보니 숙향의 금낭에 '이름 숙향, 자 월궁선, 기축 사월 초파일 해시 생'이라고 적혀 있었다. 부인이 이것을 보고 또 놀라며 물었다.

"우리 선이의 사주와 네 사주가 같은데, 네가 성을 모르니 안타깝구나."

"예전에 꿈 속에서 선인이 나타나 낙양의 김전이 제 아버지라고 하였습니다만, 어찌 알 수 있겠습니까?"

이에 이 위공이 말하였다.

"네가 만약 김전의 딸이라면 얼마나 좋겠느냐?"

그 말을 들은 부인이 위공에게 물었다.

"그 분은 어떤 사람입니까?"

"김전은 운수 선생의 자제이니 문벌은 더 말할 것이 없소."

부인은 이 말을 듣고, 어떻게 해서든지 숙향의 근본을 알아서 며느리로 삼고자 하였다.

그 후부터 부인은 숙향을 가까이 두고서 그 행실을 지켜보았다. 숙향의 모든 행실은 너무도 정확하고 깔끔하여 나무랄 것이 없었다. 날이 갈수록 부인의 숙향을 아끼고 사랑하는 마음이 깊어져 갔다.

하루는 숙향이 부인에게 여쭈었다.

"전에 있던 집의 세간을 옮겨 왔으면 합니다."

부인이 이상하여 물었다.

"도적이 들었다면서 무엇을 남겨 놓았겠느냐?"

"중요한 물건은 땅을 파고 묻어 두었으니 도적들도 몰랐을 겁니다."

"그럼 네가 가야만 찾을 수 있겠구나."

"제가 가지 않더라도 저 삽살개를 데리고 가면 찾을 수 있을 것입니다."

부인은 유모의 남편을 불러 말하였다.

"저 개를 데리고 가서 낭자가 예전에 살던 집의 물건을 찾아오게."

유모의 남편은 하인들을 데리고 곧장 북촌에 있는 숙향이 살던 집으로 갔다. 삽살개가 담 밑의 한 곳을 발로 파며 끙끙댔다. 하인이 그 곳을 파니 과연 귀한 물건들이 많이 나왔다. 그들은 그것을 가지고 돌아와 부인에게 고하였다. 부인은 감탄하며 말하였다.

"한낱 개조차 저렇듯 영특하니, 우리 집 며느리야말로 보통 사람이 아닌 게 분명하구나."

어느 날, 부인이 숙향에게 물었다.

"아가, 너는 바느질과 베짜는 일을 할 수 있느냐?"

"어려서 부모님을 잃고 길거리를 방황하였기에 배운 바는 없으나, 그대로 흉내낼 줄은 압니다."

부인은 숙향의 재주를 시험해 보고자 하였다. 그래서 비단 한 필을 주면서 말하였다.

"위공께서 머지않아 서울에 가셔야 하는데, 입고 가실 관복이 색이 바랬으니 네가 관복을 지어 보도록 하거라."

숙향은 자기 방으로 돌아와 비단을 들여다보았다. 그런데 천이 곱지 못하였다. 그녀는 자기가 갖고 있던 좋은 비단으로 관복을 지었는데, 반나절도 걸리지 않아 완성을 하였다. 시녀가 부인에게 가서 관복이 완성되었다고 말하자, 부인은 믿기지 않았다.

"보통 옷과 달라서 관복은 빨리 지을 수 없느니라. 내가 처녀 때 바느질을 배워 그 솜씨가 남에게 뒤지지 않는데, 닷새에 걸쳐 겨우 완성을 하였거늘 아무리 재주가 좋아도 그렇게 빨리 지을 수는 없다. 그것은 필시 거짓말이로다."

부인이 숙향을 불러들여 물었다.

"관복을 다 지었다는데, 그것이 사실이냐?"

"관복은 이미 지어 놓았는데, 이찌할지를 몰라 곧장 이뢰지 못했습니다."

숙향은 관복을 가져다 부인에게 보여 주었다. 부인이 받아서 살펴보니, 바느질 솜씨도 뛰어났고, 비단이 자기가 준 비단보다 고왔으므로 이상한 생각이 들어 물어보았다.

"이 비단은 내가 준 것이 아닌데, 이것은 웬 비단이냐?"

"이 비단이 더 나을 것 같아서 이것으로 지었습니다. 이것은 할머니 댁에 있을 때 짠 것인데 마침 색깔이 같아서 바꾸어 지었습니다."

부인은 너무 놀라서 입을 다물지 못하였다. 이런 재주는 보통 사람이 가질 수 없는 것이었다. 부인은 관복을 가지고 바로 위공에게 갔다.

"대감의 관복을 새로 지었으니 한번 입어 보세요."

위공은 관복을 입어 보고는 아주 만족하여 말하였다.

"허허, 요즘에는 당신이 눈이 어두워져 몸에 맞는 관복을 입기 어렵더니, 이것은 몸에도 딱 맞고 솜씨도 좋으니 늙어서 호사를 하는구려."

그러자 부인이 웃으며 말하였다.

"나는 젊어서도 솜씨가 이만 못하였는데 하물며 늙은 솜씨로야 이토록 뛰어나게 짓겠습니까? 이것은 며느리가 제 손으로 짠 비단으로 직접 지은 것입니다."

"허허, 그게 사실이라면 며느리는 천하에 둘도 없는 재주를 가졌구려."

위공은 칭찬을 아끼지 않았다. 그런데 위공이 흉배를 바라보더니 색이 바랬으니 다른 흉배를 사 오라고 하였다. 그러자 부인이 이 곳에서는 위공에게 맞는 흉배를 사기 어려우므로, 그것을 구하려면 출발이 늦어질 거라고 말하였다.

그러자 곁에서 듣고 있던 숙향이 말하였다.

"상서 위공의 직위는 어떤 흉배를 다옵니까?"

"상서는 일품 벼슬이며, 흉배로는 쌍학을 붙이신단다."

그러자 숙향이 다시 말하였다.

"제가 수놓는 법을 조금 알고 있사오니, 한번 해 볼까 합니다."

"흉배를 수놓는 것은 아무나 할 수 없단다. 그리고 내일이면 올라가시는데, 네가 아무리 재주가 뛰어나더라도 하룻밤 만에 어찌 완성할 수 있단 말이냐?"

위공 부부는 아예 그런 생각은 하지도 말라고 숙향에게 당부하였다.

그러나 숙향은 자기 방으로 물러나와서 밤을 새워 수를 놓아 아침에 어른들께 갖다 드렸다. 위공 부부는 너무 놀라 그저 칭찬하기에 바빴다.

이 위공이 상경하자, 황제가 불러 나랏일을 의논하다가 위공의 관복과 흉배가 훌륭한 것을 보고 놀라서 물었다.

"경의 그 훌륭한 관복과 흉배는 어디서 구하셨소?"

"신의 며느리가 지어 올린 것이옵니다."

"지금 경의 아들이 죽었소?"

황제는 의외의 말을 하였다.

"살아 있사옵니다."

"허허, 거 참 이상하오. 경의 관복을 보니 하늘의 은하수 무늬이고, 흉배는 바다 가운데서 짝을 잃은 외로운 학의 형상이오. 아들이 살아 있다면 어찌 이런 수를 놓을 수 있소?"

이 위공은 황급히 엎드리며, 아들 선이와 숙향에 대한 이야기를 상세히 말하였다.

"허어, 경의 며느리의 재주가 참으로 뛰어나구려. 경의 충성이 지극하여 하늘이 도우셔서 좋은 며느리를 내려 주신 게 분명하오."

황제는 이 위공의 며느리 숙향을 칭찬하며 비단 백 필을 내려 주셨다. 이 위공은 황제에게 감사드리고 집으로 돌아와서, 황제의 하사품을 모두 숙향에게 주었다.

숙향은 이 곳으로 온 이후 몸이 평안했으므로 예전보다 더 예쁘고 고와졌다. 날이 갈수록 이 위공 부부는 숙향을 사랑하였다.

한편, 이선은 태학에서 공부한 후부터는 숙향의 소식이 궁금하여 날이 갈수록 우울한 나날을 보내고 있었다. 한시라도 빨리 고향으로 돌아가 숙향을 만나고 싶었으나 그렇게 할 수 없으므로 밤낮을 눈물과 한숨으로 보내고 있었다. 그러던 중, 태학의 관리들이 조정에 상소를 올렸다. 그 내용은 빨리 과거를 실시하여 인재를 찾자는 것이었다.

황제는 이 상소문을 보고, 과거 날짜를 정하고 과거를 시행하였다. 이때 이선도 과거에 응하였다. 과장에서 그가 지은 글을 보고 시험관은 물론 황제조차도 그 글솜씨에 놀라 입을 다물지 못하였다. 이선은 장원 급제를 하였다. 순식간에 이선의 이름은 널리 알려졌다.

황제는 이선의 늠름한 풍채와 당당한 기상을 보고 즉석에서 한림학사를 시켰다.

하루 아침에 한림학사가 된 이선은 사은 백배하고 고향으로 내려와 사당에 분향 재배하고자 하였다. 고향으로 오는 도중에 낙양 동촌리에 이르렀다. 이선이 급하게 노파의 술집으로 들어갔으나, 숙향은 고사하고 삽살개조차 보이지 않았다.

아무도 없는 빈 집에 세간도 하나 남아 있지 않았으므로, 분명 도적이 들어 숙향을 죽이고 물건을 가져간 것이라고 생각하였다.

"오오, 불쌍한 숙향 낭자! 그대는 나로 인하여 차마 겪기 어려운 일들을 당하고 죽음의 지경에 이른 것이오? 내가 과거에 장원 급제를 하면 무슨 소용이 있겠소. 낭자가 없는데 나도 마땅히 당신을 따라 죽을 것이니, 우리 저 세상에서 다시 만나 그 동안 못다한 정을 마음껏 풀어 봅시다."

어느덧 해는 서산으로 기울고 땅거미가 점점 짙게 깔리고 있었다. 이선은 다시 한 번 생각해 보았다.

'여기서 울고 있어 봤자 부질없는 짓이다. 부모께 인사를 드린 후에 숙향의 묘를 찾아 나도 같이 죽으리라.'

이선은 이렇게 다짐하고는 눈물을 닦고 집으로 돌아왔다. 한림학사가 되어 온 아들의 훌륭함을 보고 부모님은 기뻐서 어쩔 줄 몰라 하였다.

온 집안의 하인들도 서로 손을 잡고 즐거워하였다.

그러나 이선은 숙향의 불행을 생각하느라 얼굴에 수심이 가득했고 슬퍼 보였다. 아버지 이 위공이 근심이 되어 선에게 조용히 물었다.

"네가 어린 나이로 장원 급제하여 부모에게 큰 기쁨을 주고, 너 또한 영광스러운데, 무슨 걱정이 있어서 그렇게 걱정어린 얼굴을 하고 있느냐?"

"전들 어찌 기쁘지 않겠습니까? 다만 먼 길을 오느라고 피로하여 그런 모양입니다. 너무 염려하지 마십시오."

아무 근심이 없는 척 말하는 아들을 보고 어머니는 아들이 필시 숙향이가 죽은 줄 알고 그러는 것이라고 생각하였다. 그래서 아들을 안심시켜 주려고 이렇게 말하였다.

"이제 너에게 한 가지 일러 줄 것이 있다. 네가 그렇게도 그리워하던 숙향은 이제 우리 집의 어엿한 며느리다. 네 뜻을 알고 데려와서 지금 이 곳에 잘 있으니 숙향이 근심일랑 하지 말거라."

그러나 선은 어머니의 말을 믿지 않았다. 그는 어머니의 손을 잡고 말하였다.

"어머니, 정말 피로해서 그런 겁니다. 너무 염려 마십시오."

그는 겉으로는 의젓하게 말하였으나, 숙향을 생각하느라 마음이 무거웠다. 그러나 한편으로는 어머니 말씀대로 숙향이 여기 와 있을지도 모른다는 생각을 하였다. 위공 부인은 시녀에게 숙향을 데려오라고 시켰다. 잠시 후 숙향과 이선은 다시 만나게 되었다. 그들은 서로 못 믿겠다는 듯 바라보았다.

부모님이 걱정을 할 정도로 근심스러웠던 얼굴은 사라지고 이선은 활짝 웃었다. 부모도 이 광경을 보고 매우 기뻐하였다. 숙향이 먼저 이야기를 하였다.

"이렇게 성공해서 돌아오신 것을 축하드립니다."

"하늘의 도움으로 뜻을 얻었으니, 이것은 가문의 경사요. 또한 당신을 이렇게 만났으니 죽어도 여한이 없소."

"먼길을 오시느라 피곤하실 텐데, 부모님께 인사드리고 이제 그만 쉬십시오."

이선은 너무도 기뻐 숙향의 손을 잡고 방으로 갔다. 오랜만에 만난 부부는 행복하였다. 이선은 숙향과 함께 마고할미의 무덤에 찾아가 절을 올렸다.

이튿날이 되자 친척들과 이웃을 초청하여 잔치를 베풀었다. 그리고 다음 날에는 이선의 고모집에서 또 잔치를 열었다. 여복야 부인은 진심으로 기뻐하며 집안의 여러 부인들에게 숙향의 모든 이야기를 전하였다. 사람들은 숙향을 기특하고 가엾게 여겼다.

하루는 이선이 문안을 드리러 위공에게 가자, 위공은 아들에게 중대한 문제를 이야기하였다.

"며느리를 맞고 보니 모든 일에 뛰어나 사랑스럽기는 한데, 그 태어난 집안의 내력을 모르니 남들이 모두 천한 여자를 얻었다고 비웃는 것 같구나. 지난날에 양왕이 딸을 주겠다고 하기에 내가 허락했었는데, 네가 부인을 택하였기에 그만두었었다. 그런데 이제 너는 두 아내를 거느려도 부족함이 없게 되었으니, 양왕의 청혼을 다시 받아들일까 하는데 네 생각은 어떠냐?"

"이 문제는 제가 알아서 하겠습니다. 아버님은 너무 염려 마십시오."

이선은 서울로 떠나게 되었다. 부모님께 인사를 드리고, 숙향의 방으로 가서 이별을 하였다.

"당신 걱정으로 여러 해 동안 가슴이 아팠는데, 만난 지 얼마 되지 않아 또 헤어지게 되어 마음이 아프오. 그러나 안 갈 수 없는 일이니 내

가 올 때까지 부모님 모시고 잘 있으시오."

"장부가 벼슬을 하면 집안보다 나라를 먼저 생각해야 한다고 합니다. 부모님은 제가 잘 모실 터이니, 당신께서는 나라에 충성하시고 널리 백성을 살피시어 좋은 일을 하십시오."

이선은 아내의 맑은 덕과 어진 행동에 감동하였다.

양왕은 이선이 과거에 급제하여 한림학사가 된 것을 보고는 위공에게 혼인을 재촉하였다. 위공은 곤란하여 아들에게 어서 결정을 내리라고 재촉하였다. 그러나 이선은 그 결혼을 하고 싶은 마음이 전혀 없었다.

어느 날 이선은 형주 지방에 내려가게 되었다. 그 때 그 지방에는 흉년이 들어 백성들이 배고픔에 시달리고 있었다. 먹을 것이 없어서 백성들까지 도둑으로 변하고, 민심이 흉흉하였다. 이 소문은 전국에 퍼져서 황제도 걱정을 하였다.

이 때 이선이 황제께 아뢰기를, 자신이 그 곳으로 가 백성들을 보살 피겠다고 하였다.

황제는 곧장 이선에게 형주 자사를 내려 주고, 서둘러 부임하라고 하였다. 고향으로 돌아온 이선이 부모님께 이 이야기를 하자, 부모가 크게 기뻐하며 격려해 주었다.

"장부가 입신하면 목숨이 다할 때까지 충성해야 하나니, 마땅히 백성을 가엾게 여기고 정사를 부지런히 돌보거라."

"이번에 제가 자청하여 먼길을 택한 것은 하늘의 은혜를 갚고자 하는 것이고, 한편으로는 서울에서 멀리 떠나 양왕의 구혼을 거절하려고 하는 것입니다."

이선은 또 숙향과도 작별을 하였다.

"이 몸이 나라에 바쳐져서 멀리 가게 되었소. 당신을 데려가고 싶은 마음이 간절하나, 그렇게 되면 부모님을 봉양할 수가 없으니 어쩔 수가 없소."

"예로부터 충과 효를 함께 지키는 것이 어렵다고 했습니다. 집안 일은 염려 마시고 어서 다녀오세요."

형주에 도착한 이선은 재기 넘치고 영리하게 일을 처리하였다. 그는 또한 각 고을의 창고를 열어 굶주린 백성을 돕고, 좋은 일과 나쁜 일을 가려 좋은 일에는 상을 주고 나쁜 일에는 벌을 주었다.

이렇게 고을을 다스리자 도적들은 신임 자사가 자기들을 다 죽이는 줄 알고, 더러는 도망치고 더러는 반란을 일으키기로 모의하였다.

그러나 그들은 이 자사의 훌륭한 가르침을 듣고는 스스로 죄를 뉘우치고 각자 고향으로 돌아가 농사를 지었다.

형주에 내려온 이 자사는 한시도 쉴 틈이 없었다. 직접 돌아다니면서 손수 쟁기를 잡고 농사를 권유하며, 백성을 만나면 충과 효에 관해 가르쳤다. 그러자 한 달이 못 되어 어지럽기만 하던 형주 땅이 조용해지고 태평하게 되었다.

이 때 이 자사의 집에서는 나이 어린 아들을 험한 땅에 보내 놓고 날마다 근심이었다. 그러나 아들이 간 후로 그 곳이 더 평안해졌다고 하자 위공은 너무 기뻤다. 그래서 며느리에게 빨리 가서 아들을 위로해 주라고 하였다. 숙향은 서둘러 길 떠날 준비를 하였다.

숙향은 먼저 마고할미의 무덤으로 갔다. 인사를 하려고 하는데, 뒤따라온 청삽살개가 묘 앞에 앉아서 슬픈 표정을 지었다. 숙향은 개의 등을 어루만지며 위로하였다.

"네가 비록 짐승이라고 하나 너 아니었으면 나는 이미 죽었을 거야."

이렇게 탄식하며 옛일을 생각하니 슬퍼서 눈물이 나왔다. 그 때 삽살개가 발로 무엇인가를 긁었다. 숙향이 이상해서 그 곳을 바라보니 다음과 같은 글씨가 적혀 있었다.

"아아, 슬프구나. 그 동안 정 들었던 인연이 다하니 나는 여기서 영원한 작별을 서두를까 합니다."

숙향은 깜짝 놀랐다. 개를 품에 안고 머리를 쓰다듬어 주면서 위로하였다.

"그 동안 너하고 함께 고초를 겪다가, 이제 내가 귀하게 되어 너에게 은혜를 갚으려 하는데, 지금 작별하자고 하니 무슨 말이냐?"

숙향이 이렇게 말하자 개는 마고할미의 무덤을 쳐다보다가 숙향을 돌아보며 크게 한 번 울었다. 그 소리가 어찌나 큰지 사방을 진동시켰다. 그러자 갑자기 구름 한 점이 내려와 개를 둘러싸더니, 이윽고 구름이 사라짐과 함께 개도 그 자취를 감추어 버렸다.

숙향은 놀라며, 한편으로는 비통한 느낌이 들어 눈물을 닦을 생각도 하지 않고 울었다.

"너는 과연 특별한 개였구나. 이제 너는 마고할머니 옆으로 갔구나. 할머니와 너의 은혜를 영원히 잊지 않을게."

숙향은 개가 앉았던 자리에 수의를 갖추어 넣은 관을 묻고 장사를 지내 주었다.

숙향은 시부모에게 인사를 드리고 남편을 찾아 형주 땅으로 길을 떠났다. 숙향은 길을 가면서 하인들에게 말하였다.

"지나는 곳마다 제사 지낼 곳이 많으니, 제사 준비를 갖추어 가도록 하라. 또한 이르는 곳마다 그 고장 이름을 나에게 꼭 가르쳐 주도록 하라."

자사 부인의 긴 행렬이 움직였다. 한참을 가다가 갈대가 무성한 곳에 이르니 하인들이 노전이라고 말하였다.

숙향은 화덕진군의 은혜에 감사하며 제문을 지어 제사를 지냈다. 제사가 끝난 뒤에 보니 제단에 올렸던 술잔이 없어지고 새알 크기만한 구슬이 담겨 있었다. 숙향은 감사하며 그 구슬을 거두어 깊이 간직하였다.

노전을 떠나 얼마 동안 가다가 어떤 강가에 이르렀다. 숙향은 하인에게 물었다.

"표진강이 어디쯤이냐?"

"표진강은 여기서 천여 리나 떨어진 곳에 있습니다."

"그러면 수로로 가는 것이 어떻겠느냐?"

부인은 표진강으로 가서 자기를 구해 주었던 용녀와 선녀들에게 제를 올리고 싶었다. 그러나 하인은 육로로 가는 것이 안전하다고 하였다. 부인은 수로로 가지 못하는 것이 아쉬웠지만, 같이 가는 사람들이 고생을 할까 봐 육로로 가기로 하였다.

그런데 이미 탔던 배에서 부인이 내리려고 하는데, 갑자기 폭풍이 휘몰아치더니 배가 휩쓸려 하루 밤낮을 정처없이 갔다. 일행은 혼비백산

하여 정신을 차릴 수가 없었다. 부인은 하인에게 도착한 곳이 어디인지 알아보라고 하였다. 하인이 이 곳이 바로 표진강이라고 하였다.

"양진강에서 표진강이 천릿길인데 하루 사이에 오다니 참으로 이상하구나."

사람들은 모두 이상하게 생각하였다. 이 때 부인의 귀에 맑은 옥피리 소리가 들렸다. 눈을 들어 바라보니 두 명의 선녀가 연잎 배를 타고 내려오고 있었다.

선녀는 옥피리 가락에 맞추어 이런 노래를 불렀다.

> 지난날 바로 이 달 이 날에
> 우리가 여기 이 강에 와서
> 숙향 낭자를 만났었는데
> 올해에도 그 달 그 날에
> 숙향 부인을 다시 만나는구나.

노래가 끝나자 선녀들은 보이지 않았다. 부인은 너무 이상하다고 생각하였다.

이 때 일행은 너무 목이 말라 기운이 하나도 없었다. 부인이 하인에게 쌀을 씻어 솥에 담게 하고, 노전에서 얻은 구슬을 갖다 대니 솥 안에 든 쌀이 저절로 익어 밥이 되었다. 사람들은 모두 놀라며 신기해하였다. 배가 고파서 모두 그 밥을 맛있게 먹고 부인에게 감사드렸다.

밥을 먹고 난 후에, 부인은 표진강에 제사를 올려 물신령을 위로하고 다시 길을 떠났다.

자사 부인은 하인들에게 명하여 장 승상 댁을 찾아가도록 하였다. 하인들이 서둘러 부인을 모시고 장 승상 댁에 도착하였다. 그 때는 이미 밤이 깊었으므로 자사 부인은 실례가 될까 밖에서 밤을 지냈다.

그날 밤 꿈속에서 장 승상 댁의 안채로 들어가 보았더니, 웬 여인의 초상화가 걸려 있고 그 그림 아래에 진수성찬이 차려져 있었다. 숙향은 이상하게 생각하면서 돌아왔다.

이튿날 아침에 승상 부인은 자사 부인을 청하여 음식을 대접하였다.

"자사 부인께서 이 누추한 곳에 찾아오신 것을 어젯밤에 이미 알았으나, 중요한 일이 있어 즉시 청하지 못하여 죄송합니다. 부인께서는 이 무례함을 용서해 주십시오."

승상 부인은 걱정이 가득한 얼굴로 말하였다. 그러자 자사 부인이 위로하였다.

"부인께서는 무슨 참혹한 일을 당하셨습니까? 어젯밤에 슬픈 울음소리가 들리므로 마음을 진정할 수가 없었습니다. 그래서 부인의 대접을 받기가 송구스럽습니다."

"사실은 지난 밤에 죽은 딸의 제사를 지냈습니다. 그 때문에 집안에 곡성이 처량하였습니다."

"댁의 따님은 몇 살이었나요?"

"내 딸이 집을 나갔을 때가 열다섯 살이었습니다. 그 날을 죽은 날로 삼고 어젯밤에 제사를 지냈습니다."

장 승상 부인은 슬픔을 이기지 못하며 말하였다. 자사 부인은 모른 척하고 말하였다.

"그러면 저와 동갑이로군요. 제가 듣기로는 숙향이 집을 나갈 때 시녀 사향의 모함으로 쫓겨났다고 하던데, 사향이는 아직 이 댁에 있습니까?"

승상 부인은 그 말을 듣고 깜짝 놀랐다.

"부인께서는 우리 숙향이를 어떻게 아십니까?"

"들어서 알고 있습니다."

승상 부인은 슬픔의 눈물을 흘리면서 자사 부인에게 재촉하여 물었다.

"부인께서 숙향을 알게 된 이야기를 해 주십시오."

"수가 놓인 족자를 보고 알았습니다."

승상 부인은 더욱 놀랐다. 자사 부인은 하녀에게 짐 속에서 수를 놓은 족자를 가져오라고 하였다. 승상 부인은 하녀가 가지고 온 족자를 바라보았다.

그 수놓인 족자에는 장 승상 부인이 동산에서 숙향을 안고 들어가는 광경과, 승상 부부가 영춘당에서 잔치할 때 저녁 까치가 우는 것을 보고 근심하던 일과, 누명을 쓴 숙향이 부인 앞에서 스스로 목숨을 끊으려는 광경이 세밀하게 수놓아져 있었다.

승상 부인은 그것을 보고 그 자리에서 쓰러지며 통곡을 하였다.

"그림을 보시고 이렇게 슬퍼하시니 불안합니다."

"자사 부인께서 지난 일을 다 알고 계시니 구태여 숨길 이유가 있겠습니까?"

승상 부인은 울음을 멈추지 못하면서 숙향에 대한 이야기를 모두 했다. 그러자 자사 부인이 위로를 하였다.

"진자식이라고 하더라도 한 번 죽은 후에는 어찌할 수 없는 일인데, 하물며 남의 자식을 이렇게 못 잊어하십니까? 그 숙향이가 죽었다고 하나 영혼이 감사해할 것입니다."

그러자 승상 부인이 간청을 하였다.

"어려운 말씀이지만 그 족자를 우리에게 파십시오. 제가 비록 자식은 없지만, 숙향이가 혹여나 다행히 살아 있다면 주려고 황금과 채단을 모아 놓았습니다. 그런데 이제 누구를 주겠습니까? 그것을 모두 드리겠으니 부디 그 족자를 저에게 주십시오."

"이보다 더 좋은 숙향의 초상화가 이 댁에 있다고 들었습니다. 한번 보여 주십시오."

"지금 제 방에 걸려 있으니 들어가서 보십시오."

자사 부인은 승상 부인을 따라 방으로 들어갔다. 과연 자기의 어린 시절의 모습이 선명하게 그려져 있었다. 그 초상화를 벽에 걸어 두고 푸른 비단으로 가려 놓았다. 그리고 그 앞에는 진수성찬의 제사상이 차려져 있었다. 숙향은 승상 댁의 은혜에 너무 고마운 마음이 들어 눈물이 쏟아지려 했으나 억지로 참으면서 승상 부인에게 말하였다.

"부인께서 이처럼 숙향을 못잊어하시니, 제가 비록 곱지는 못하나 숙향의 대신이 되면 어떻겠습니까?"

자사 부인은 머리에 쓴 화관을 벗고 초상화 옆에 가서 섰다. 그 모습을 본 사람들이 모두 놀랐다.

"참으로 이상한 일이네. 그림이 변하여 자사 부인이 되었나? 아니면 부인이 변하여 그림이 되었나?"

승상 부인은 말 한 마디 못하고 눈물만 흘렸다. 자사 부인은 승상 부인 앞에 꿇어 엎드렸다.

"제가 바로 그 숙향이입니다. 남편이 형주 자사로 부임했기에 그 곳으로 가는 길에 찾아뵙고 은혜에 감사드리려고 들렀습니다. 그런데 부인께서 아직도 저를 이렇게 못잊어하시니 그 은혜를 어떻게 갚아야 할지 모르겠습니다."

승상 부인은 이것이 꿈인가 생시인가 도무지 알 수가 없었다. 부인은 숙향을 이리 보고 저리 본 후, 울음을 터뜨렸다.

"제가 사향에게 쫓겨서 이 댁을 나갈 때에 어찌 살아서 다시 뵐 줄 알았겠습니까?"

숙향은 그 동안 자신이 살아온 이야기를 모두 해 주었다.

장 승상이 이 소식을 듣고 너무나 놀랍고 반가워 신발도 제대로 신지 못한 채 뛰어왔다. 숙향은 장 승상에게 절을 하고 눈물을 흘리면서 위로하였다. 숙향은 장 승상 부부를 위하여 성대한 잔치를 베풀었다.

숙향은 승상 부부의 옷을 한 벌씩 선물로 드렸다. 그것은 물론 숙향이 직접 짜고 지은 옷이었다. 한 올 한 올에 정성이 담긴 귀한 선물이었다. 숙향은 또한 이웃의 부인들을 청하여 사흘 동안 성대한 잔치를 베풀었다.

"비록 승상 댁에 자식이 없다고 하나 이런 영화는 자식이 열 있는 집보다 낫습니다."

숙향은 장 승상 부부의 간곡한 부탁으로 한 달 동안 머물며 두 사람을 모셨다. 그 곳은 형주에서 멀지 않은 곳이었으므로 자사가 소식을 듣고는 마차를 보내 주었다. 숙향은 장 승상 부부와 눈물로써 작별을 하였다.

자사 부인이 장사에 이르렀을 때 기이한 일이 벌어졌다. 사슴, 원숭이, 황새, 까치 떼가 자사 부인이 가는 길에 진을 치고 있었다. 기이한 것은 사람들이나 마차가 지나가도 피하지를 않는 것이었다.

하인들이 화살을 쏘아서 그것들을 쫓으려고 하였다.

자사 부인은 그 곳 수령에게 명하여 쌀 다섯 섬으로 밥을 짓게 하고, 그것을 동물들 앞에다 놓았다.

"너희들이 오죽 배가 고프면 이러고 있겠느냐? 어서 이 밥을 배불리 먹고 각자 보금자리로 돌아가거라."

그 때까지 꼼짝도 않고 있던 짐승들이 벌 떼같이 달려들어 밥을 먹기 시작했다. 밥을 다 먹고 난 짐승들은 고맙다는 듯이 자사 부인에게 고개를 숙이고는 흩어져 갔다. 많은 사람들은 이것을 보고 자사 부인의 인자함에 감탄하였다. 그러나 부인에게는 또 다른 근심이 있었다.

'이제는 그 동안 나에게 은혜를 베풀어 주신 분들에게 부족하나마 인사를 하였으나, 아직까지 부모님을 만나지 못했으니 그것이 한이로다.'

마차 속에서 숙향은 흐느껴 울었다.

얼마쯤 가니, 그 곳이 계양 땅이라고 하였다. 그 말을 들은 숙향은 선녀 마고할머니가 세상을 하직할 때, 계양 태수 김전이 자기의 아버지라고 하던 말이 생각났다. 혹시 아버지를 만날 수도 있겠다는 생각이 들어 하인에게 이렇게 말하였다.

"계양 태수를 만나 보고 갈 것이니 서두르거라."

자사 부인의 행렬이 계양성으로 향하였다. 기별을 받은 태수가 성 밖에까지 나와서 자사 부인을 맞이하였다. 태수의 이름을 물으니 유뢰라고 하였다. 김전이 아니어서 숙향은 실망을 하였다.

"전에 듣자 하니 계양 태수는 김전이라고 하던데 태수의 성함이 어찌다르오? 계양이 또 있나요?"

"김전은 백성을 잘 다스리고 어질고 인자해서 백성의 칭송이 높아, 양양 태수로 승진되어 갔습니다."

숙향은 매우 섭섭하였다.

"그러면 여기서 양양은 얼마나 됩니까?"

"한 삼백 리쯤 됩니다."

"형주로 가는 도중에 그 곳에 들를 수 있나요?"

"그 곳을 가시려면 길을 많아 돌아가야 합니다."

부인의 마음은 그 곳으로 가고 싶었지만 먼길에 피로한 하인들이 고생할 것을 생각하니 차마 갈 수가 없었다. 곧장 형주로 가도록 분부하였으나 마음은 여전히 양양으로 끌렸다.

처음에 김전은 낙양 태수로 있으면서 이 위공의 명령대로 숙향을 죽이지 않은 탓으로 계양 태수로 좌천되었다.

그러나 이선이 자사로 부임한 후에 수령들의 공적을 조사한 결과 김전의 업적이 훌륭했으므로 한 급수 높은 양양 태수로 승진시켰던 것이다. 양양 태수는 각 고을 수령 중에서 제일 높은 자리로 형주 내에서는 자사 다음 가는 중요한 직위였다.

하루는 양양 태수 김전이 형주 자사 이선을 만나 공무를 의논하고 양양으로 돌아가는 길이었다. 반야강 가에 이르자 허름한 옷을 입은 노인이 지나가는 길 앞의 바위 위에 누워 있었다. 노인의 태도가 자못 거만하고 불손해 보였다.

태수를 수행하던 포졸들이 크게 노하여 야단을 치려 하였다. 그런데 김전이 그 노인의 외모를 보니 보통 사람 같지 않아, 포졸들을 꾸짖어 물리치고 말에서 내려 정중하게 인사를 하였다. 그러나 노인은 김전을 본 체도 하지 않았다. 김전은 속으로 생각하였다.

'나의 벼슬이 이렇게 높고 포졸을 이렇게 많이 거느렸는데, 웬만한 사람이라면 감히 함부로 보지 못할 터인데 이처럼 거만하니 보통 사람이 아닌 게 분명하다.'

그는 다시 노인 앞으로 나아가 손을 모으고 공손히 절을 하였다. 그러나 노인은 역시 모른 척하고 다리를 포개 얹고는 팔베개를 하고 길위에 누워 버렸다. 태수가 더욱 공손한 태도로 두 손을 모으고 허리 굽혀 절을 하였다.

그 때서야 노인은 비로소 눈을 가느다랗게 뜨고 입을 열었다.

"너 갈 길이나 재촉할 것이지, 내가 언제 너더러 절하라고 하였느냐?"

"길을 가던 사람인데, 노인을 공경하여 문안을 드리는 것입니다."

"네가 진실로 나를 공경한다면 멀리서부터 절을 해야지, 네가 사위

덕으로 그만한 벼슬을 좀 한다고 어른을 업신여기고 이러쿵저러쿵 말이 많으냐?"

김 태수는 이 말을 듣고 노하였다.

"내가 노인을 공경하여 우대해 드렸는데, 도리어 사위 덕에 벼슬하여 버릇이 없다고 모욕을 하니 그게 무슨 망측한 소리요? 원래 자식이 없는 사람인데 사위는 무슨 사위란 말이오?"

그러자 노인은 우스워 죽겠다는 듯이 한바탕 껄껄대고 웃으며 말하였다.

"하하, 그러면 숙향이가 네 자식이 아니라는 말이냐? 숙향이는 하늘에서 떨어졌느냐, 땅에서 솟았느냐?"

김전은 숙향이라는 말에 깜짝 놀라서, 다시 절을 하고는 공손하게 물었다.

"제가 실례를 범하였습니다. 용서해 주십시오."

김전을 바라보던 노인은 그 때서야 빙그레 웃으며 노기를 풀었다. 김전은 노인 앞으로 한 발자국 다가서며 공손히 말하였다.

"제 팔자가 기박하여 늦게 얻은 자식을 손 안의 보물처럼 길렀는데 전쟁 중에 잃고 지금까지 생사를 몰라 늘 슬퍼했습니다. 노인께서 숙향의 거처를 아시면 가르쳐 주십시오."

"내가 숙향이 있는 곳을 알지만, 지금은 배가 고프니 말할 기운이 없다."

김전은 곧 포졸을 시켜 근처 주막으로 가서 술과 음식을 갖추어 오라고 하였다. 그러자 노인이 말하였다.

"하인이 음식을 가져오면 그것은 하인의 정성이니 하인의 자식 간 곳을 물을 생각이냐?"

"제가 또 한 번 큰 실수를 저질렀습니다."

김 태수는 주막으로 가서 술과 음식을 사다가 융숭하게 대접을 하였다. 노인은 조금도 사양하는 기색 없이 술과 안주를 깨끗이 먹어치웠다. 김 태수가 다시 노인 앞으로 나가서 말하였다.

　　"노인장, 이제 숙향의 거처를 가르쳐 주십시오."

　　"어억, 술을 너무 많이 마셨구나. 술이 취하니 이거 어디 말을 할 수 있겠느냐?"

　　"바라건대, 어르신께서는 모든 허물을 용서해 주시고 불쌍한 혈육의 정을 굽어 살피시어 부모 자식의 한을 풀어 주소서."

　　"네 정성이 그러하다면 여러 하인들을 물리치고 너 혼자만 여기 남거라. 그러면 내 알려 주마."

　　김 태수는 곧 하인들을 멀리 가게 하였다. 그러자 갑자기 맑은 하늘에 먹구름이 생기더니 큰비가 쏟아져 순식간에 물이 허리에까지 찼다. 김 태수는 비가 그치기를 기다리며 혼자서 그 곳에 서 있었다. 그러나 노인은 잠만 자고 있었다. 조금 더 있으니까 이번에는 함박눈이 내리는데 순식간에 눈이 쌓여 온몸이 눈에 덮이려 하였다. 김 태수는 그래도 그 자리에서 꼼짝 않고 노인이 숙향의 행방을 알려 주기만을 기다렸다.

　　젖은 옷과 몸이 추위에 꽁꽁 얼어붙어서 거의 죽을 지경이 되었다. 김 태수는 그래도 움직이지 않고 노인이 깨어나 말해 주기를 기다렸다.

　　이윽고 노인은 부스스 잠에서 깨어나더니 말하였다.

　　"네 모양을 보니 과연 자식 생각하는 정성이 지극하구나."

　　노인은 소매 속에서 부채를 꺼내어 하늘을 향해 부쳤다. 그러자 날씨가 순식간에 풀리고 천지를 뒤덮었던 눈이 녹으며 여름 날씨가 되었다. 김 태수는 이 노인이야말로 신인이라고 생각하였다. 그는 다시 노인에게 절을 하고 부탁하였다.

　　"어르신께서는 제 딸 숙향이가 있는 곳을 알려 주시어 제 아픈 가슴을 낮게 해 주십시오."

"내가 이제 숙향이 간 곳을 알려 주겠다. 그런데 숙향이가 그 동안 여러 곳으로 다녔는데, 네가 그 여러 곳을 다 찾아갈 수 있겠느냐?"

"말씀만 해 주십시오. 발이 부르터서 피가 나와도 찾아가겠습니다."

"네가 난리 중에 반야산 바위틈에 버리고 간 것을 도적이 데려갔다. 그 도적이 마을에다 데려다 놓고 갔는데, 파랑새와 까치가 데려갔고, 또 후토 부인을 쫓아갔으니 거기 가서 물어보렴."

"아아, 그렇다면 죽은 것이 분명하군요."

노인의 말을 들은 김 태수는 낙심하면서 눈물을 흘렸다.

그러자 노인이 웃으면서 숙향이 장 승상 댁으로 가게 된 이야기를 해 주었다.

"그럼 장 승상 댁에 가면 만날 수 있을까요?"

"그런데 듣자하니 그 집 시녀가 숙향을 모함하여 내쫓는 바람에 갈 곳이 없어 표진강 용궁으로 가려고 물에 빠졌다고 하더구나."

"그렇다면 물에 빠져 죽었군요."

노인은 그 후의 숙향의 행적을 하나하나 이야기하였다. 그러더니 이야기를 하다 말고 이렇게 물었다.

"도대체 네가 그 딸을 찾아서 어찌하겠다는 거냐?"

"나이 들어 어렵게 얻은 딸인지라 사랑하는 마음이 끝이 없었으나 전쟁 중에 잃었으므로 생사를 몰라 늘 슬픔 속에 싸여 있다가 어르신을 만났습니다. 이 인생을 가엾게 여기시어 그 아이의 행적을 말씀해 주십시오."

그러자 노인이 꾸짖듯 말하였다.

"너의 혈육의 정이 그렇다면, 왜 그렇게 어린것을 산 속에 내버려 두고 도망을 갔느냐?"

"도둑이 쫓아와 가족이 모두 죽을 위험에 처해 있어서 어쩔 수 없이 숙향을 버렸습니다."

노인은 더욱 화난 목소리로 말하였다.

"그것은 네 목숨이 아까워 너만 살기 위해서였지. 그건 그렇고, 낙양 옥중에서는 왜 숙향을 죽이려 하였느냐?"

노인의 말을 들은 김 태수는 아연실색하였다. 정신이 아찔하고 기가 막혔으나 이미 지나간 일이었다.

"그 때 옥중에 있던 숙향이 제 딸이었습니까? 문초할 때 이름과 나이는 같았으나, 어리석은 인간인지라 전혀 깨닫지를 못하였습니다."

그러자 노인이 웃으며 다정하게 말하였다.

"허허, 그것은 이미 하늘이 정한 숙명이니 네가 어두워서가 아니다. 나는 물을 지키는 용왕인데, 어느 해 저녁 내 딸이 물가에 나가 놀다가 어부에게 잡혀 죽게 되었다. 그런데 네가 도와줘서 살아났었지. 그래서 나는 내 딸의 은혜를 갚고자 옥황상제에게 고하고, 너와 네 딸 숙향을 서로 만날 수 있도록 해 달라고 부탁하였다. 그러나 네 정성이 이토록 지극하지 않았다면 숙향을 찾을 수 없었을 것이다. 그 동안 네 딸 숙향의 고생은 차마 말로 할 수 없을 정도로 비참하였다. 이제 네가 만난다 하더라도 잘 알아보지 못할 것이다. 그러니 내 말을 잘 새겨들었다가 숙향이를 만났을 때 그 동안 겪어 온 일을 순서대로 물어보아 내가 한 말과 틀림이 없거든 네 딸인 줄 알거라."

노인은 숙향의 지나온 이야기를 모두 해 주었다.

"어르신의 말씀을 듣고 나니, 이 은혜를 어떻게 갚아야 할지 모르겠습니다. 그렇다면 형주 자사 이 상공의 부인이 제 딸 숙향이입니까?"

"내 어찌 천기를 누설하겠느냐? 때가 되면 자연히 알게 될 것이다."

노인은 말을 마치고 어디론가 사라졌다. 김 태수는 이것이 도무지 꿈인지 생시인지 알 수가 없었다.

김 태수는 집으로 돌아와 부인에게 오는 도중에 겪었던 일을 모두 이야기했다. 부인은 기쁨과 슬픔의 눈물을 동시에 흘렸다.

"살아생전에 숙향이를 한번만이라도 만나 볼 수 있다면 죽어도 한이 없겠습니다. 이제 자사 부인이 이 곳으로 올 것이라고 하지만, 어찌 우리 딸이라고 할 수 있겠습니까?"

김 태수 부부는 슬픔과 초조함을 금하지 못하였다.

이 때 자사 부인이 양양으로 가지 못하여 근심하고 있는데, 그날 밤 꿈 속에서 마고할머니가 나타나 이렇게 말하였다.

"부인께서 이번에 부모를 찾지 못한다면 다시 10년을 기다려야 할 것이니, 부모를 뵙고 싶으면 이번 기회를 놓치지 마십시오."

자사 부인은 너무나 반가워서 그 방법을 물으려 하는데, 마고할머니는 순식간에 사라져 버렸다. 꿈에서 깨어난 자사 부인은 너무나 이상하여 한참을 생각해 보았다.

"지금 양양으로 방향을 돌리거라. 양양 태수를 만나 본 후에 형주 감영으로 갈 것이다."

김 태수는 자사 부인이 양양을 거쳐 형주로 간다는 소식을 듣고, 용왕에게 들은 말이 생각나 혹시 숙향이 아닌가 하는 생각이 들었다. 태수 부인은 시녀를 시켜 미리 자사 부인의 근본을 알아 오라고 시켰다. 얼마 후 시녀가 돌아와서, 장 승상의 딸이라고 하였다. 태수 부부는 그 소리를 듣고 크게 실망하였다. 그들은 온통 딸 생각으로 가슴이 미어지는 것 같았다.

자사 부인은 태수의 객사에 들어 성대한 대접을 받았다. 저녁을 먹고 난 후 자사 부인은 태수 부인에게 시녀를 보내어 뵙기를 청하였다.

전갈을 받은 태수 부인은 뛸 듯이 기뻐 객사로 나가 인사를 하였다.

"제가 먼저 문안을 올리려 하였는데, 이토록 불러 주시니 고맙습니다."

자사 부인은 머리에 화관을 쓰고 칠보로 장식된 가마 의자에 앉아 있었고, 좌우로 백여 명의 시녀가 줄을 서 있었다. 자사 부인은 교의에서 내려와 태수 부인을 맞이하여 주홍색 교의에 앉으라고 권하였다.

"한낱 고을 수령의 아내가 어찌 자사 부인과 마주 보고 앉겠습니까?"

태수 부인은 한사코 사양하였다. 그러자 자사 부인은 지극히 겸손하게 다시 권하였다.

"이 자리는 주인과 손님의 자리인데 어찌 벼슬을 따지며, 또한 부인의 연세가 훨씬 위인데 그리 겸손해하십니까?"

그러자 태수 부인은 하는 수 없이 교의에 앉았다. 태수 부인이 자사 부인의 나이를 물었다. 그리고 그 나이가 자기 딸의 나이와 똑같은 것을 알고는 눈물을 주르르 흘렸다.

"부인께서는 제 나이를 물어보시더니 왜 그리 슬피 우십니까?"

"나에게도 부인과 같은 나이의 딸이 있었습니다만, 전쟁 중에 그 아이를 잃고 밤낮으로 슬퍼하고 있습니다."

자사 부인은 그 말을 듣고 너무 반가워 눈물을 흘렸다.

"부인의 말씀을 듣고 보니 저도 눈물이 납니다. 저도 어려서 부모님을 잃고 아직까지 만나 뵙지 못하고 있습니다. 부인께서 슬퍼하시는 것을 보니 우리 부모님도 저를 그렇게 못 잊어 하실 것 같아 애간장이 녹는 것 같습니다."

"그렇다면 부인께서는 부모와 헤어진 후 어느 댁에서 자라셨나요?"

"제가 너무 어려서 잘 기억하지는 못하지만, 사슴이 저를 업어다가 장 승상 댁 후원에 내려놓았습니다. 그 댁에 자녀가 없어서 저를 거두어서 10년 동안 키워 주셨습니다."

그 말을 들은 태수 부인은 자기도 모르게 자사 부인 곁으로 가까이 다가앉으며 말하였다.

"부인의 입장도 내 처지와 같으니 슬픈 마음을 서로 위로하시지요."

태수 부인이 잔을 들어 권하였다. 자사 부인이 술잔을 받아드는데 손에 옥반지를 한 짝만 끼고 있어서 자세히 보니, 숙향과 이별할 때 옷고름에 매어 주던 것과 비슷해 보였다.

"이 옥반지 한 짝은 부모님이 저와 헤어질 때 옷고름에 매어 주신 것이므로 항상 부모 모시듯 손에 끼고 있습니다."

태수 부인은 자사 부인이 틀림없는 자기의 딸 숙향이라고 믿었다. 반가운 마음에 눈물이 앞을 가렸으나, 정신을 차리고 시녀를 시켜 자기 침실에 놓아 둔 반지함을 가져오게 하였다. 반지함에서 옥반지를 꺼내 자사 부인의 것과 맞추어 보니 진주 속의 은은한 글자가 하나는 목숨 수자이고, 하나는 복 복자였다. 드디어 반지 한 쌍이 만난 것이다.

태수 부인은 반지의 내력과 숙향과 헤어질 때 옷고름에 매달아 주던 이야기, 잠시 후에 가 보니 숙향이 없어진 이야기를 해 주었다. 그리고 숙향의 명이 짧을까 걱정되어 생년월일시가 적힌 사주를 써서 금주머니에 넣어 매달아 주고 기른 이야기도 하였다. 그리고 근래에 김 태수가 형주 부윤에 다녀오는 길에 한 노인을 만나서 들은 이야기를 모두 해 주었다. 그리고 오늘 자사 부인을 만나서 우연히 옥반지 한 짝을 보니 피난길에서 자기 딸에게 준 그 반지와 똑같으므로 기적과 같은 인연이라고 눈물을 흘렸다.

태수 부인은 눈물을 훔치며 옥반지 한 짝과 기록한 쪽지를 자사 부인에게 건네 주었다. 자사 부인이 받아 보니 그 쪽지에 적힌 사주가 자기의 금낭에 있는 것과 똑같았다. 그 순간 자사 부인은 너무 놀랍고 감격하여 그만 기절을 하였다.

태수 부인이 급히 사지를 주물러 주자 자사 부인은 정신을 차렸다. 자사 부인이 보여 준 금낭에 든 사주를 보자, 남편 김 태수의 필적이 분명하였으므로 태수 부인은 통곡을 하였다.

양양 태수 김전은 이 말을 전해 듣고 너무 놀라고 기뻤다.

자사 부인은 곧 형주로 사람을 보내어 부모를 만난 사실을 알렸다. 소식을 받은 형주 자사 이선도 크게 놀라고 기뻐서 곧 양양으로 달려왔다. 그리고는 김전과 장씨 부인을 장인 장모로 맞아 큰절을 올렸다. 그리고는 큰 잔치를 열어 숙향에게 부모님 만난 것을 축하해 주었다.

이 때 강릉에 사는 양회간이라는 사람이 태부 벼슬을 하던 중 유수를 받아 서울로 가는 길에 이 지방에 머물고 있었는데, 이 소식을 듣고는 희한하게 생각하여 상경하자마자 곧 황제에게 사뢰었다. 황제는 이 일을 기쁘게 생각하고 이 위공을 불러 그 사연을 물었다. 이 위공이 그 이야기를 모두 하자 황제는 이선을 칭찬하였다.

"이 학사가 형주로 내려간 후부터 들끓던 도적들이 모두 양민이 되었으니, 이 학사는 큰 지사가 될 재목이오. 충분히 한 나라를 모두 살릴 큰 인재이니 형주에 오래 있게는 하지 않을 거요."

황제는 이선을 곧 조정으로 불러들이고, 그 후임에는 김전을 승진시켜 발령하였다. 이선은 서울로 가기 전에 장인 김전을 만나 말하였다.

"황제께서 저를 부르시니 제가 서울로 올라가는 대로 황제께 사뢰어 장인 어르신도 제수토록 부탁드리겠습니다. 그 동안 이 곳에서 백성을 다스리며 기다려 주십시오."

이제 형주 자사가 된 김전은 딸 숙향을 만난 지 얼마 되지 않아 또 헤어지게 되는 것이 서운하였다. 숙향은 꿈에서도 그리던 부모님을 만나 기쁘기 그지없다가 다시 헤어지게 되니 슬픔이 복받쳐 자리에 누웠다. 그러자 부모가 위로를 하였다.

"오늘날 우리가 이렇게 귀하게 된 것이 모두 네 덕이란다. 너는 망설이지 말고 서울로 가서 네 남편을 도와주고, 우리도 서울로 갈 수 있도록 하여 다오."

"벼슬도 중요하고 부귀영화도 중요하지만 부모님 보시고 함께 있는 것이 훨씬 낫습니다."

슬픔을 이기지 못하던 숙향은 어쩔 수 없이 남편을 따라 서울로 올라갔다. 이선은 조정에 들어가 황제를 알현하고, 며칠 뒤에 상소를 올렸다.

"성은이 망극하여 제 몸이 영화스러우니 몸 둘 바를 모르겠습니다. 신이 아비와 같은 벼슬이 되기 민망하여 그러니 신의 벼슬을 적당히 낮추어 주십시오."

황제가 이 상소문을 보고 그 효성이 지극함에 감동하고 더욱 기특하게 여겨 말하였다.

"이 위공만한 인물이 나라 안에 없으니 벼슬을 올려서 위왕으로 봉하고, 형주 자사 김전을 내직으로 불러올려 병부상서로 승진시키고, 이선에게는 초공 대승상을 내리노라."

위공은 너무 황공하여 아들 이선과 함께 벼슬을 사양하였으나, 황제가 극구 고집하였으므로 하는 수 없이 감사히 받아들였다. 황제가 이선에게 숙향을 만난 사연을 물으니, 초공 이선은 그 동안의 우여곡절을 그대로 말씀드렸다.

"모든 것은 경의 덕이 넓은 탓이오. 앞으로 경의 그 넓은 덕을 입고자 하니 충성을 다하여 도와주기 바라오."

초공 이선은 천은의 망극함을 사례하고, 아울러 장 승상이 너무 오래 승진하지 못함을 아뢰었다. 황제는 이 초공의 말을 옳게 여겨 장 승상의 과거를 용서하고 우승상을 내렸다.

장 승상 내외는 황제의 부름을 받고 바로 상경하였다. 장 승상 부인은 숙향을 찾아와 반가운 눈물을 흘렸다.

이 초공은 조정의 문무 천관들을 모두 청하여 큰 잔치를 베풀었다. 조정의 신하들은 모두 축배를 들며 위왕의 공덕을 칭송하였다.

"원하건대, 명공의 뛰어난 문장과 필법을 한 번 보여 주어 오늘의 이 자리를 빛내 주시기 바랍니다."

그러자 이 초공이 겸손하게 말하였다.

"나의 재주는 초라하고 보잘것없어서 부끄럽기 그지없습니다. 이토록 칭찬을 하시니 몸 둘 바를 모르겠습니다."

이 초공은 사양하였으나, 주위에서 원하고 하도 간청을 하자 할 수 없이 지필묵을 가져오게 하였다. 이 초공은 먹을 진하게 갈아 단숨에 써 내려갔다. 그런데 그 필법은 실로 뛰어나 인간의 경지를 뛰어넘고 있었다. 다음에는 글을 짓는데 한 줄 한 줄에 오묘한 하늘의 섭리가 담겨 있고 애국충절이 넘쳐났다. 그 곳에 모인 많은 사람들은 그 글을 읽고 감탄하였다.

글의 내용은 다음과 같았다.

　　처음 하늘과 땅이 열리어
　　천지 만물의 생장이 비롯되는 순간에
　　어느 한 권능이 있어
　　인간의 운명을 결정하고 점지하였네.
　　더러는 초야에 묻혀 흙을 벗 삼고
　　더러는 정당에 모여 뼈를 깎는 아픔으로
　　입신양명의 꿈을 키우다가
　　거룩하신 천자의 부르심으로
　　드디어 세상의 또 한 문을 두드리네.

그러다가 천정(하늘이 정해 준) 인연의 눈 뜨임으로
부귀보다도 더 높고 공명보다도 더 그윽한
사랑의 물결에 영혼의 배를 띄우네.
바람 한 점에도 사랑은 가슴 깊은 곳에서 우러나오고
달빛 한 줌에도 사무치는 정은 만사를 제쳐 놓네.
한순간 하늘의 뜻을 거역한 죄로
티끌진 세상에 귀양 온 선관이여
어찌 천상의 즐거움과 화락함을
한낱 인간 세상의 고락에 비할 것인가.
하지만 사랑은 그보다 더 높고 더 그윽하여
온갖 시름 다 지워 주네.
홀연히 부는 바람 꽃잎에 드리워도
풍광은 예와 달라 만물이 새롭구나.
변화무쌍 인간사라, 그 누가 측량하랴.
무심히 눈을 들어 명천을 우러러보며
일배 일배 부일배에 끝없이 취하여서
오늘 하루 일만 근심 쓸어 모아 덜어 내고
두고두고 기리면서 해와 달이 다하도록
마시고 또 즐기리라, 천은 망극 감사하리라.

그 곳에 모인 사람들은 이 시를 돌려보며 그 문장의 신묘함에 감탄하
였다.
"이것은 필시 인간의 솜씨가 아니다."
"명공의 탁월한 문장은 저희들이 이미 탄복하였습니다만 음률 또한
뛰어나다 들었으니, 거문고를 한번 타 주십시오."

손님들이 이렇게 청하자 초공은 미처 대답을 하지 못하였다. 그 때 그의 부친 위왕이 미소를 지으면서 초공에게 말하였다.

"네가 음률을 썩 잘하지는 못한다 하더라도 여러 공들께서 너를 아끼고 사랑하시어 이같이 즐거운 자리에서 듣고자 하시니, 사양하지 말고 네 재주를 보여 주어 이 자리의 흥을 돋우어 보거라."

초공은 아버지의 분부가 이러하니 사양할 수가 없었다. 그는 칠현금을 비스듬히 끼고 한 곡조를 타기 시작했다. 그가 거문고 줄을 당길 때마다 그 화음이 실로 청아하고 오묘하여 마치 봉황이 보금자리를 찾아오는 것 같고, 계수나무 꽃잎에 새벽 이슬이 내리는 것 같았다. 그 황홀한 가락에 맞추어 초공이 노래를 불렀다.

풀잎 이슬 같은 우리 인생
공명은 한갓 뜬구름인데
스승의 가르침이 또한 무거워
모든 만남을 이생에 다하리라.
인연의 늦음이여, 이 안타까움이여.
만고 풍상도 한갓 일장춘몽에 지나지 않네.
이제 요지의 꿈을 얻었으니
내 비로소 평생의 한을 이루었구나.
이 넘치는 성은이여,
한 몸에 무거운 이 벼슬이여.
온갖 충성 다하여
그 은혜 만분지 일이라도 갚으리라.

사람들은 그 노래의 아름다움에 절로 감탄을 하였다. 비로소 날이 저

물고 어둠이 깔리니 사람들이 돌아가기 시작하였다.

초공은 장 승상과 김 상서의 집을 자기 집의 바로 옆에 짓게 하고 각집 사이에 문을 달아 한 집처럼 만들었다. 그렇게 하여 숙향으로 하여금 세 집의 부모를 잘 섬기도록 하였다.

한편 양왕은 황제의 셋째 아우였다. 그에게 혈육은 오직 공주 하나밖에 없었다. 그 공주는 재주가 남달라 시와 글씨에 뛰어났고 여자로서 못하는 일이 없었다.

양왕이 공주를 낳기 전에 꿈 속에서 한 선관이 나타나 들고 온 매화 한 송이를 주면서 말하였다.

"이제 귀한 꽃을 그대에게 주니, 그대는 잘 보전하도록 하라. 이 꽃은 봉래산의 설중매이니, 이 꽃 한 가지에 오얏나무를 접하면 가지와 잎이 무성할 것이다."

그 꿈을 꾸고 나서 낳은 것이 바로 공주였다. 양왕은 공주의 이름을 매향이라 짓고 자를 봉래산이라고 하였다. 공주는 커 갈수록 더욱 예뻐지고 재주가 비상해졌다.

어느덧 공주가 커서 결혼을 할 나이가 되었다. 공주의 혼사 문제로 늘 걱정을 하던 양왕은 어느 날, 이선을 한번·보게 되었다. 그는 이선의 풍모와 새기에 반하여 그의 부친에게 청혼을 하여 허락을 받았다. 그런데 그 때 이선이 다른 곳으로 장가든 것을 알고 크게 노하여 파혼을 하려 하였다. 그러나 매향 공주는 부친 양왕에게 울면서 말하였다.

"충신은 두 임금을 섬기지 않고 열녀는 두 남편을 받들지 않습니다. 아버님께서 이미 이랑에게 시집가라 하시고, 이제 다시 다른 곳으로 청혼하시려 한다면, 소녀는 차라리 목숨을 끊어 불효를 할지언정 다른 가문으로는 결코 가지 않겠습니다."

"내게 자식이라고는 오직 너 하나뿐이라, 이제 어진 사위를 맞아 내

후사를 맡기려 하는데, 네가 그렇게 고집을 부리니 모두 이 아비가 부덕한 탓이다."

"소녀가 언제 아버님 뜻을 어겼습니까? 부모님 말씀이라면 소녀는 물불을 가리지 않았습니다. 그러나 이번 일만은 결코 따를 수 없습니다. 그 죄는 만 번 죽어도 부족한 줄 압니다."

이토록 공주가 뜻을 굽히지 않자 양왕은 매일 근심으로 시간을 보냈다. 그러던 중 이선의 소식을 듣게 되었다. 그는 왕비 최씨와 의논을 하였다.

"이랑의 재주가 저렇게 뛰어나 벼슬이 초국공에 이르고 사람됨이 어질고 덕이 넓으니 우리 매향을 그 둘째 부인으로 삼는다 하여도 괜찮을 것 같은데, 부인의 생각은 어떻소?"

"저도 찬성입니다만, 어쨌든 이번 일은 딸의 의견에 따르는 것이 좋을 것 같습니다."

양왕은 공주를 불러 그 의견을 물었다. 공주가 반색하며 말하였다.

"이미 다른 가문으로는 가지 않기로 맹세하였는데, 둘째 부인이면 어떻습니까?"

"네 뜻이 그렇다면 내가 위왕을 만나 의논해 보겠다."

양왕은 다음 날 아침 조회에 나가 위왕을 만났다.

"위왕께서는 우리 집과 정혼을 하시고는 어찌 다른 집안과 사돈을 맺으셨습니까?"

양왕의 질문에 위왕은 매우 부끄러워하며 말하였다.

"제가 약속을 지키지 못해 양왕을 뵐 면목이 없습니다. 제가 상경할 때 누님에게 선이를 맡기고 올라왔는데, 그 애가 정혼한 줄을 모르고 허락했던 것입니다. 이제 와서 무슨 변명을 하겠습니까?"

이 때 황제가 두 사람의 말을 듣다가 끼어들었다.

"이 초공에 관한 일은 이미 들어 잘 알고 있소. 그가 다른 가문으로 장가든 것은 그의 잘못이 아니라 하늘이 정하신 것이오. 그러니 다투지 말고 양왕은 이제 다른 집안에 구혼하는 것이 어떠하오?"

"폐하의 가르침이 지당하오나 신의 딸이 이랑과 정혼한 뒤부터는 그냥 늙어 죽을지언정 다른 가문으로는 가지 않겠다고 고집을 부리니 그 정성이 눈물이 나올 정도입니다."

황제는 매향 공주의 굳은 절개를 칭찬하였다.

"공주의 뜻이 그렇게 굳다니 기특하오. 이제 이선이 초공이 되어 그 벼슬이 가히 두 부인을 거느려도 괜찮으니, 경들의 생각은 어떻소?"

"황공하옵니다."

양왕은 황제의 말에 즉시 찬성하였다. 그러나 위왕은 꿇어 엎드리며 말하였다.

"신이 어찌 황제 폐하의 가르침에 반대를 하겠습니까만, 양왕의 공주는 금지옥엽인데 어찌 감히 신의 아들 초공의 두 번째 부인으로 맞아들이겠습니까?"

"이제 그 일은 내가 초공을 불러 결정하겠노라."

황제는 곧 초공을 불렀다. 초공은 필시 공주와의 혼사 때문에 부르시는 것이라 생각하고, 병을 핑계 내고 가지 않았다. 그러자 숙향은 근심이 되어 물었다.

"황제께서 부르시는데 어찌 병을 핑계로 안 가십니까?"

"황제께서 나를 부르시는 것은 다름이 아니라 왕양의 딸과의 혼사 때문에 그러시는 것이오. 그래서 내가 그 일을 피하려 하오."

그러자 부인이 정색을 하고 말하였다.

"당신이 저를 위하여 그러시니 그 뜻은 감사합니다. 그러나 이것은 신하의 도리가 아니니 뜻을 바꾸세요."

"나도 그것을 모르는 것이 아니나, 어전에서 혼인을 거절하면 그 죄를 면하기 어려울 것이오. 만일 그 공주를 맞아 불미스런 일이 생긴다면 부인의 괴로움이 클 것이오. 나는 부인에게 그런 괴로움을 주고 싶지 않소. 그리고 그 여자가 우리 집에 들어와 황제의 친척임을 내세워 위세를 부린다면 우리 가문의 덕이 그 여자로 인하여 어지러워질 것이니, 이 어찌 두려운 일이 아니오? 그러니 폐하께는 황공하지만 거절하는 것이 상책인 듯하오."

"당신의 뜻은 그렇지만, 양왕과의 혼사를 거절하는 것은 두 가지 면에서 아니 됩니다. 하나는 신하 된 도리로서 폐하의 명을 거절할 수 없는 것이고, 또 한 가지는 그 여자가 한번 정혼한 일이 있어 다른 가문으로는 죽어도 안 가겠다고 하니 그런 원한을 사면 안 될 것입니다. 그러니 어서 황제께 가 보십시오."

부인이 이렇게 간절히 말하였지만, 이선은 끝내 듣지 않았다. 황제의 명을 전하러 온 사관이 돌아가서 그대로 아뢰었다. 황제는 그 말을 믿고 양왕에게 말하였다.

"초공이 몸이 불편하여 못 온다고 하니 다음 기회에 주선해 보겠소."

그러자 양왕은 초공이 혼사를 거절하기 위해 일부러 병을 핑계 댄 것이라 생각하고 초공을 해치기로 마음먹었다.

이 때 황태후가 병을 앓고 있었는데 그 증세가 이상하였다. 눈이 멀고 귀가 먹는 희한한 병이었다. 황제의 걱정은 몹시 컸다. 그런데 하루는 도사 한 분이 어전으로 들어와 황제에게 말하였다.

"저는 구름을 따라 다니는 도사인데, 황태후의 병환이 매우 중하다 하여 치료약을 가르쳐 드리기 위해 왔습니다."

"그 방법을 가르쳐 주시오."

"황태후의 병은 보통 약으로는 고치기 어렵습니다. 동해 용왕에게 눈을 뜨는 구슬을 얻어야 세상을 보실 것이고, 봉래산의 개연초를 구하여야 말을 하실 겁니다. 그러니 어진 신하를 보내시어 구해 오도록 하십시오."

말을 마친 도사는 어디론가 사라지고 안 보였다. 황제는 조정의 신하들을 불러 이 일을 상의하였다. 이 때 양왕이 아뢰었다.

"조정의 신하 가운데 초공 이선의 재주가 제일 뛰어났다고 들었습니다. 그러니 그 일을 초공에게 맡기심이 마땅한 줄 아옵니다."

황제가 듣고 보니 맞는 말 같았다. 황제는 곧 초공을 불렀다.

"경의 충성은 이미 나라 안을 덮었소. 이제 내가 간곡히 부탁하니 수고를 아끼지 말고 선약을 구해 주시오. 만약 그것을 구하여 온다면 내가 이 나라를 쪼개어 그 은혜를 갚을 생각이니 부디 경은 사양치 말고 황태후를 구해 주시오."

초공은 관을 벗고 꿇어 엎드려 여쭈었다.

"신은 이미 나라에 몸을 바쳤는데 어찌 물불을 가리겠습니까? 생사를 가리지 않고 충성을 다하여 선약을 구해 올리겠습니다. 그러나 봉래산은 남쪽 끝에 있고 동해 용왕을 만나려면 수궁으로 가야 하니, 신이 살아서 돌아올지 모르겠습니다."

초공이 집으로 돌아오자 가족들은 이번에는 초공이 살아서 돌아오기 어려울 것이라 여기고 모두 슬퍼하였다. 초공은 부모님께 인사를 하고 조용히 숙향을 불러 말하였다.

"내가 떠나거든 부인께서는 나를 대신하여 부모님 봉양을 해 주시오. 이번 길이 하도 험한지라 살아서 돌아오지 못할 것 같소."

"가시는 길이 비록 험하더라도 충성을 다하여 구하신다면 하늘이 무심하지 않을 것입니다. 부모님 걱정은 마시고, 돌아오실 때까지 몸조심하십시오."

숙향은 옥반지 한 짝을 빼어 주면서 다시 말하였다.

"이 반지의 진주가 눈물을 흘리거든 제 몸이 병든 줄 아시고, 진주의 빛이 검어지거든 제가 죽은 줄로 아십시오."

그러자 초공이 말하였다.

"저 북창 밖의 동백나무가 울거든 내가 병든 줄 알고, 가지와 잎이 무성하거든 내가 무사히 살아서 돌아오는 줄 아시오."

작별의 말을 마치자 초공이 일어섰다. 그러자 숙향이 편지 한 통을 주면서 당부하였다.

"예전에 저하고 같이 살던 마고할머니는 천태산에서 선약을 다스리는 선녀입니다. 그 할머니를 찾아가서 이 편지를 전해 드리면 도와주실 겁니다."

초공은 사랑하는 아내 숙향과 헤어져 육로를 벗어나 물길로 배를 타고 계속 길을 갔다. 10여 일쯤 되었을 때였다. 갑자기 태풍이 몰아쳐 배가 물 속으로 가라앉기 시작하였다. 그 때 물 속에서 짐승 하나가 솟아올라왔다. 크기는 작은 산봉우리만하고 두 눈에서는 광채가 나는 뒤웅박처럼 생긴 놈이었다. 그 짐승이 큰 소리로 말하였다.

"너희들은 어떤 놈들이기에 이 바다를 지나면서 감히 제사도 올리지 않고 그냥 지나치려 하느냐?"

초공은 놀란 중에도 정신을 차리고 침착하게 말하였다.

"나는 중국의 초공 대승상 이선이온데, 황태후의 병환이 위중하여 황제의 명을 받고 봉래산으로 선약을 구하러 가는 도중에 마침 이 곳을 지나게 되었으니 부디 길을 빌려 주시오."

"잔소리는 저 세상에 가서나 하고 길세로 어서 가지고 있는 보물이나 내어놓거라."

큰 짐승은 곧 배를 뒤집어 엎을 듯이 노하여 날뛰었다.

"제발 부탁이니 길을 빌려 주시오. 지금 가지고 있는 것은 양식밖에 없소."

그러나 물짐승은 더 큰 소리로 위협하였다.

"잔소리 말아라. 네 몸에 지닌 보물을 주지 않으면 한 명도 살려 두지 않겠다."

다급해진 이선은 아내 숙향이 이별할 때 준 옥반지를 내 주었다. 그것을 받아든 물짐승은 더욱 노하여 큰 소리로 꾸짖었다.

"이것은 동해 용왕의 개안주인데, 이 보물을 어디서 훔쳤느냐?"

물짐승은 배를 끌고 깊은 바닷속으로 들어갔다. 이선 일행은 '이제 모두 죽었구나' 생각하였다. 얼마 후 큰 궁전 앞에 이르렀는데, 물짐승은 배에 탔던 사람들을 쏟아붓듯이 용궁 앞에 세워 놓았다.

"제가 변방을 돌아보다가 동해 용왕의 개안주를 훔쳐 달아나는 놈들이 있어 잡아 왔습니다."

물짐승은 이렇게 말하며 옥반지를 용궁 안으로 들여보냈다. 조금 있으니 용궁 안에서 한 선관이 나오더니 다짜고짜 이선을 윽박지르며 문초하기 시작했다.

"너는 어떤 놈이길래 수궁의 보물을 훔쳐 갔느냐?"

"이것은 내가 훔친 것이 아니오. 오래 전부터 우리 집에 있던 구슬이오. 내가 황제의 명을 받고 선약을 구하러 떠나올 때, 돌아올 날을 기약하기 어려운지라 내 아내가 선물로 준 것이오. 그것이 어디서 났는지는 나도 모르오."

선관은 이선의 말을 듣고는 용궁 안으로 들어가서 들은 대로 용왕에게 고하였다. 용왕은 매우 이상하게 생각하고, 이 진주를 가지고 있던 부인의 이름을 알아오라고 하였다. 선관이 용궁 안으로 들어간 다음, 이선은 매우 불안해하고 있었다. 그 때 안으로 들어갔던 선관이 다시 나와 이선에게 구슬 주인의 이름을 물었다.

"나의 아내는 낙양 태생 김전의 딸이며, 이름은 숙향이라고 합니다. 그리고 나는 낙양 북촌의 이 위왕의 아들 이선이라고 합니다."

선관은 다시 용궁으로 들어가 용왕에게 고하였다. 그러자 용왕은 금방 얼굴색이 바뀌며 이선을 귀빈으로 모시라고 하였다. 용궁의 모든 선녀들이 달려나와 이선을 극진히 모셨다.

이선 일행이 귀빈실에서 기다리고 있으니, 이윽고 몸에 곤룡포를 두르고 머리에 금관을 쓴 용왕이 그 거룩한 모습을 나타내었다. 용왕은 바로 이선에게 와서 예의를 갖추었다. 이선은 너무 당황하여 몸둘 바를 몰라하였다. 그러자 용왕이 손을 잡으며 보석이 박힌 의자에 앉기를 권하였다. 그리고 공손히 사과의 말을 하였다.

"귀인이 이 곳을 지나가실 줄은 꿈에도 몰랐습니다. 나는 이 곳을 다스리는 용왕인데, 지난날 나의 누이가 부왕께 죄를 짓고 반하수 강으로 쫓겨났다가 어부에게 붙잡혀 죽게 되었는데, 그 때 김 상서께서 구해 주어 살아났습니다. 그 때 누이는 은혜를 갚을 길이 없어서 이 진주로 은혜를 갚았던 것입니다. 이 진주는 용궁에서도 가장 귀한 보물인데, 복 복자가 씌어진 진주를 사람이 가지게 되면 오래 살 뿐만 아니라, 시신에 얹어 두면 반 년이 지나도 썩지 않습니다. 그 때문에 그 상서로운 기운이 멀리까지 비치므로 우리 용궁의 장수가 그 기운을 보고 놀라게 해 드려 죄송합니다. 황태후의 병환이 위중하여 귀인이 봉래산으로 선약을 구하러 가신다 하나, 그 곳은 너무 멀고 험하여 인간의 배로는 건너가기 힘들 것입니다."

이선은 그 말을 듣고 절망적으로 말하였다.

"저의 뜻을 이루지 못하면 헛되이 죽을 따름입니다."

"그러나 이 모든 것은 하늘이 정한 액운이니 사람의 힘으로는 어쩔 수 없습니다.”

용왕은 이선을 위하여 큰 잔치를 베풀었다. 이 때 나이 어린 한 왕자가 들어왔다. 용왕이 왕자에게 물었다.

“너는 왜 벌써 왔느냐?”

“스승께서 ‘너의 공부는 이미 상당한 실력에 도달하였으나, 앞으로 태을진군(전생의 이선)의 도움을 받아야 앞길이 막히지 않으리라. 지금 태을진군은 하늘나라에서 죄를 지어 인간 세상으로 귀양을 갔는데, 황제의 명을 받고 선약을 구하러 가는 도중 용궁을 지나갈 터이니 네가 가서 편안히 모셔다 드리면, 나중에 반드시 은혜를 갚을 것이다’ 라고 하셔서 이렇게 달려왔습니다.”

“네가 선관의 옷을 입고 내 공문을 가지고 간다면 도중에 의심받지 않고 무사히 갈 수 있을 것이다.”

용왕은 곧 떠나갈 준비를 해 주었다. 왕자가 이선에게 절을 하면서 말하였다.

“저는 동해 용궁의 왕자입니다. 그 동안 일광로 선사에게 가르침을 받고 있었는데, 스승의 말씀을 받들어 상공을 모시고 가기 위해 왔습니다.”

이선은 너무 반갑고 기뻐서 용왕에게 물었다.

“저와 함께 온 하인들은 어떻게 합니까?”

“같이 온 일행들은 다시 돌려보내십시오.”

용왕은 곧 신하들을 시켜 이선과 함께 왔던 하인들을 돌려보냈다. 잠시 후 왕자는 가벼운 배 한 척을 내왔다.

“이 배에 오르소서.”

이선이 배에 올라탔다. 순간 배는 번개처럼 빠르게 어디론가 달려갔다. 빛살처럼 달리는 배 안에서 왕자가 이선에게 말하였다.

"상공께서는 인간이라 선경을 마음대로 오가지 못하시니, 가는 도중에 물신령들이 검문할 때는, 제가 아버님의 공문 핑계를 대겠으니 제가 하는 대로만 따라 주십시오.

얼마 동안 달리니 회회국이 나왔다. 사람들은 바다로 다니지 않고 육지로 걸어다녔다. 그 나라의 왕은 매우 온순한 성격을 가졌는데, 이름은 정성이었다. 왕자가 왕을 만나 공문을 보여 주니, 왕은 아무 의심도 하지 않고 통행 허가 도장을 찍어 주고 멀리까지 배웅을 해 주었다.

다시 얼마쯤 가니 호밀국이라는 나라가 나왔다. 그 나라 사람들은 밥 대신 꿀을 먹고 사는데, 임금의 이름은 필성이었다. 필성은 이선의 선조의 후손이었다. 왕자가 왕에게 공문을 드리니, 왕은 도장을 찍어 주며 말하였다.

"태을진군을 인도해 가는 그대에게 부탁하오. 이 앞의 길이 제일 험할 것이니 부디 조심하여 모시고 가시오. 다음의 수성을 통과하기가 가장 어려울 것이오."

다음에는 유리국에 닿았다. 왕의 이름은 기성이라고 하고, 백성들은 비린 음식을 먹지 않고, 옷과 물색이 주옥 같았다. 왕자가 공문을 보여 주려고 하니, 왕이 큰 소리로 꾸짖었다.

"이 곳은 신경인데 왜 함부로 인간을 데려왔느냐?"

왕은 왕자를 본 체 만 체하였다. 왕자는 공손히 절을 하고, 초공을 모시고 봉래산으로 가는 사연을 말하였다. 그랬더니 왕은 노여움을 풀고 공문서에 도장을 찍어 주었다.

왕자는 잔뜩 겁이 나서 공문을 움켜쥔 채 다시 길을 떠났다. 다음 나라는 교지국이었다. 그 나라 사람들은 차만 마시고 살았으며, 모두 짐승 같은 모습을 하고 있었다. 왕의 이름은 규성이었다. 규성은 성질이 포악하여 다른 나라 사람이 국경을 넘어오면 이유를 묻지 않고 죽여 버렸다. 왕자는 이선에게 조심하라고 몇 번이나 이야기하였다.

왕자와 이선은 궁궐로 들어가 공문을 보여 주었다.

"네가 태을진군을 모시고 봉래산으로 간다고는 하나, 그는 이미 인간 세계로 귀양 간 몸인데 어찌하여 이 곳을 들어가려 한단 말이냐?"

왕은 노하여 왕자와 이선을 다짜고짜 붙잡아다 구리성 안에 가두어 버렸다. 왕자는 불안해하는 초공을 안심시켰다.

"규성왕은 원래 성질이 포악하여 어떤 말도 듣지 않으니, 제가 스승에게 가서 부탁드리고 오겠습니다. 잠시만 이 곳에서 기다리십시오."

왕자는 슬며시 구리성에서 빠져 나와 용궁의 일광로 선사에게 이선이 교지국 구리성에 갇혀 있다는 사실을 알렸다.

"그 왕은 원래 거북이라 이번에는 내가 직접 가지 않으면 안 되겠구나."

일광로 선사는 즉시 구름을 타고 교지국으로 달려갔다. 왕자는 먼저 와서 태연하게 구리성 안에서 기다리고 있었다. 일광로 선사는 규성왕을 찾아와 사정을 모두 이야기하고 이선의 여행을 도와 달라고 하였다.

"그 분은 원래 태을진군인데 인간 세상에 귀양을 와서 죗값을 치르고 있으며, 봉래산으로 선약을 구하러 가는 중이오. 만일 그들의 길을 막아 지체시킨다면 황태후의 병환을 구하지 못할 것이니 즉시 풀어드리도록 하시오."

"허허, 내가 그런 줄도 모르고 그만 실례를 했소."

왕은 통행 허가증에 도장을 찍어 주고 그들을 풀어주었다.

왕자와 이선은 다시 배를 타고 달리기 시작하였다. 얼마쯤 가니 바닷물 가운데서 갑자기 오색구름의 탑이 나타나며 그 위에 두 명의 선관이 앉아서 악기를 연주하고 있었다. 이선은 그들이 부러웠다. 자기도 모르게 긴 한숨을 쉬었다. 그러자 왕자가 위로하였다.

"우리도 오래지 않아 저렇게 될 것이니 안심하고 기다리소서."

얼마쯤 가니 부희국이 나타났다. 백성들은 키가 열 자나 되는 거인들이었는데, 짐승을 잡아먹고 사는 나라였다. 왕의 이름은 진성이었고 수성 중 가장 막내였다. 왕자가 통행 허가를 받기 위하여 공문을 들고 성 안으로 들어가면서 이선에게 당부하였다.

"제가 성 안으로 들어가고 나면 이 나라 백성들이 틀림없이 상공을 해치려 할 것이니, 위기가 닥치면 이 부적으로 물리치십시오."

왕자의 공문을 본 임금은 곧 도장을 찍어 주었다. 그러나 왕자가 궁성 안으로 들어간 이후, 이 나라의 백성들이 몰려들어 입맛을 다시며 이선을 해치려 하였다. 당황한 이선은 왕자가 주고 간 부적을 공중으로 던졌다. 그러자 갑자기 풍랑이 거세게 일어나더니 몰려오던 무리들이 물에 빠져 죽었다. 이선이 탄 배는 풍랑에 밀려 어디론지 떠내려갔는데 어디가 어디인지 모르게 되었다. 왕자와 헤어진 이선은 절망스러웠다. 그 때였다. 물 속에서 갑자기 한 신선이 고래를 타고 나타났다. 그 신선은 이선의 배를 가로막으며 시비를 걸었다.

"네 꼴을 보아하니 신선도 아니고 완전한 속세의 인간도 아니며, 그렇다고 용왕도 아닌데 어떻게 용왕의 배를 훔쳐 타고 도망쳐 왔느냐?"

이선은 자기의 사정을 이야기하였다. 그러자 신선은 못 믿겠다는 듯이 말하였다.

"흥, 웃기지 말거라. 네가 대승상이라면 옛 글도 보지 못하였느냐? 불로장생을 바라며 불사약을 구하려던 진시황과 한무제도 못한 일을 네가 어떻게 한다는 말이냐?"

"그것이 비록 어려운 일이라고 하더라도 황제의 명을 받고 왔으니 죽는 순간까지 약을 구하러 가겠습니다."

"그런 헛된 꿈일랑 꾸지 말거라. 내가 탄 이 고래가 순식간에 구만 리를 왕래하지만, 아직까지 봉래산 구경은 못 해 봤다. 그러니 나와 함께 찾아보자."

신선은 이선이 탄 배를 고래 등에 잡아매고 이리저리 돌아다녔다. 이선은 말할 수 없는 고초를 겪으면서 끌려다녔다.

얼마쯤 지나자 한 선관이 파초선을 타고 왔다. 그 선관은 고래를 타고 있는 신선에게 물었다.

"그 배는 무슨 배이며, 어디로 끌고 가는가?"

"이 손님이 나에게 술집을 가르쳐 달라고 보채서 할 수 없이 끌고 가는 것이다."

"허허, 그것 참 재미있겠다. 나도 한번 해 볼까?"

선관은 이선에게 슬슬 장난을 쳤다.

"너는 도대체 술값을 얼마나 가지고 있느냐?"

"그만들 하십시오. 나는 지금 황제의 명을 받고 선약을 구하러 봉래산으로 가던 중에 이 선관을 만나 봉변을 당하고 있소이다."

이선은 새로 나타난 선관에게 은근히 구해 줄 것을 바라면서 말하였다. 그러나 선관은 껄껄 웃으면서 말하였다.

"너는 지금 함께 가고 있는 선관이 누군지도 모르느냐? 당 현종 때 한림학사 이태백이다. 그와 더불어 함께 술이나 흠뻑 취하고 싶으니 술값이나 넉넉히 내놓거라."

"돈 가진 것이 하나도 없으니 어떻게 해야 하오?"

이선이 쓴웃음을 지으며 난처해하자 이태백 신선이 말하였다.

"돈보다 네가 가진 옥반지가 술값에는 안성맞춤이다."

선관은 이선을 막무가내로 끌고 갔다. 그 때 멀리서 옥피리 소리가 은은하게 들려왔다. 이태백이 미소를 지으면서,

"우리도 저 피리 소리를 따라가 보자."

하고는 쏜살같이 그 곳으로 달려갔다. 그 곳에는 한 선관이 물 위에 칠현금을 띄우고 그 위에 앉아서 옥피리를 불고 있었다. 그 선관은 이선을 보더니 말하였다.

"어? 태을이 아닌가! 반갑구나, 재미가 어떠한가?"

이선은 모르는 선관이 자기를 알아보자 당황하였다.

"인간이 어찌 선관을 알아보겠소. 나는 갈 길이 바쁜데 이태백의 넋을 가진 선관이 나를 붙들고 놓아 주지를 않으니 큰일이오."

"허허, 이 손님이 자기 아내가 준 옥반지를 팔아 술을 사 준다고 하며 종일토록 끌고 다니기만 하니 화가 났소."

이태백이 농담을 하자 동행하던 선관이 말하였다.

"허허, 두 양반이 서로 끌려다닌다고 하니 거참 이상하구나."

그 선관은 깔깔대고 웃었다. 그 때 갑자기 선녀 한 명이 연잎 배에 술을 싣고 왔다. 동행하던 선관이 물었다.

"선녀는 어디로 가시오?"

"두목지 선생이 친구를 만나려고 옥화주로 가셨기에 그리로 가는 중입니다."

"그건 혹시 태을을 만나기 위함이 아닐까?"

이태백은 손을 들어 달려오는 배를 가리키며, '저 배가 아닌가?' 하고 외쳤다. 모두가 그쪽을 바라보니 한 선관이 학 날개옷을 입고 일엽주에 앉아 노를 저어 오고 있었다. 가까이 다가오더니 손을 흔들면서 이선에게 큰 소리로 말하였다.

"여어, 태을아, 반갑구나! 그 동안 인간에서의 재미가 어떠한가? 함께 술이나 마시자."

이윽고 술좌석이 벌어졌다. 그 때 갑자기 하늘에서 푸른 옷을 입은 동자가 내려와 고하였다.

"안기 선생의 분부를 받고 왔습니다. 안기 선생께서 스승님들을 공중으로 모시고 오라고 하셨습니다."

"우리는 이제 공중으로 가야 하는데, 이 태을진군은 어떻게 하지?"

선관이 두목지에게 말하였다. 그러자 그가 말하였다.

"지금 장진이 내 학을 빼앗아 타고 봉래산으로 갔으니, 내가 태을진군을 데려다 주고 학을 타고 쫓아가겠소."

그 말을 들은 일행은 기뻐하면서 이선에게 작별을 고하였다.

"만난 지 얼마 되지 않아 이렇게 헤어지게 되니 섭섭하기 그지없지만, 머지않아 다시 만나게 될 것이오."

두목지 선생은 이선을 데리고 갔다. 한참을 가다 보니 큰 산이 나타났다. 하늘로 치솟은 산 주위에는 상서로운 구름이 서려 있었다. 두목지 선생이 이선에게 그 산을 가리키며 말하였다.

"이 산이 바로 봉래산이다. 지금부터 구류선을 찾아서 선약을 얻도록 하거라."

그는 말을 마치고 사라졌다. 이선은 산을 바라보며 놀라움과 감탄을 금하지 못하였다. 말로 표현할 수 없이 아름답고 웅장하였다.

이선은 탄성을 지르며 산으로 들어갔다. 그런데 뜻밖에도 용궁의 왕자가 먼저 와서 이선을 기다리고 있었다.

"어떻게 이 곳에 먼저 와 기다리고 있소?"

"상공께서 가신 곳을 몰라 이태백을 만나 물었더니, 두목지 선생이 인도하여 상공이 이 곳으로 오신다고 하기에 먼저 와서 기다리고 있었습니다."

"두 선관이 술을 사 달라고 졸라 대는 바람에 진땀을 뺐소."

"그 선관들은 모두 이 상공과 친구였기 때문에 농담을 한 것입니다.

만일 그 분들을 만나지 못하였다면 어찌 이 곳까지 올 수 있었겠습니까?"

왕자와 이선은 점점 깊은 산 속으로 들어갔다. 큰 바위 절벽이 솟아 있는 곳에 이르렀을 때 왕자는 이선을 업고는 순식간에 그 절벽 위로 올라갔다.

"나는 이제 돌아가서 배에서 기다리고 있겠습니다. 어서 약을 구해서 배로 돌아오십시오."

"만약 내가 약을 얻는다 하더라도 이 험준한 산길을 나 혼자 어떻게 내려갈 수 있겠소?"

"돌아오실 때는 그리 어렵지 않을 것이니 염려하지 마십시오."

왕자는 산 아래로 내려가고, 이선은 혼자서 산 위로 올라갔다. 한참을 가다 보니 한 선인이 검은 소를 몰고 오다가 이선을 보고는 걸음을 멈

추었다.

"그대는 누구인데 이 곳에 왔는가?"

"나는 중국 초국공 대승상 이선이온데, 지금 구류선을 찾고 있습니다."

이선의 말을 들은 그 선인은 손으로 숲을 가리키며 말하였다.

"저기 보이는 침향나무숲으로 들어가오. 높은 바위에서 바둑을 두고 있는 신선이 있을 것이오. 그 신선에게 물으면 알게 될 것이오."

이선은 감사의 말을 하고 숲 속으로 들어갔다. 그 곳에 가 보니 과연 높은 바위 위에서 선관들이 바둑을 두고 있었다. 이선은 그들 앞에 가서 공손히 절을 하였다. 그러자 선관이 물었다.

"너는 누구인데 감히 이 곳에 들어왔느냐?"

이선이 자기가 누구인지를 이야기하자, 푸른 옷을 입은 선관이 물었다.

"그런데 무슨 일로 왔느냐?"

"황태후의 병환이 위중하여 황제의 명을 받들고 선약을 구하기 위하여 왔습니다."

그러자 이번에는 붉은 옷을 입은 선관이 위쪽을 가리키며 말하였다.

"구류선을 만나려면 저 산꼭대기로 올라가거라."

이선은 황태후의 병환이 아주 급하다고 말하고, 빨리 약을 얻어 가게 도와 달라고 하였다. 그러자 다른 선관이 말하였다.

"우리는 약에 관해서 아는 바가 없다."

산꼭대기를 바라보니 너무 가파르고 험준하여 인간의 재주로는 도저히 올라갈 수가 없어 보였다. 이선은 한숨을 쉬며 탄식하였다. 그 때 갑자기 푸른 학을 탄 신선이 다가왔다.

"자네를 여기서 만나다니 반갑구먼. 그 동안 자네의 인간 세상 재미는 어땠나? 그래 설중매(매향)는 만나 보았는가?"

"저는 다만 인간으로 고생을 할 뿐인데, 어찌 알지도 못하는 설중매를 만나겠습니까?"

"허허, 인간 세상으로 귀양을 가더니 이 곳에서의 일은 다 잊어버린 모양이군."

신선은 동자를 시켜 차를 따르게 하여 이선에게 권하였다. 이선이 그 차를 마시자 갑자기 정신이 맑아졌다. 그러면서 전생에 태을진군으로서 죄를 지은 일과, 봉래산에 올라가 능허선의 딸 설중매와 부부가 되어서 재미있게 살던 기억이 살아났다. 또 지금 만난 이 신선이 자기의 손아래 친구로 지내던 일도 생각났다.

이선은 길게 탄식하며 말하였다.

"나는 이렇게 고생이 극심한데, 자네들은 모두 잘 있으니 다행이네. 그런데 설중매는 지금 어디 있는가?"

"옛날의 능허선 부부는 지금의 인간 김전 부부이고, 설중매는 양왕의 딸이 되었네. 앞으로 자네의 둘째 부인이 될 것이니 잘 기억해 두게."

이선은 한숨을 길게 쉬며 물었다.

"나는 도무지 알 수가 없네. 능허선 부부와 설중매는 무슨 죄로 귀양을 갔나? 또 월궁 소아는 왜 김전의 딸이 되었으며, 설중매는 왜 양왕의 딸이 되었나?"

"능허선 부부는 방장산에 구경을 갔다 오는 길에 상제께 드릴 꿀을 늦게 가지고 와서 귀양을 갔고, 설중매는 자네가 월궁 소아를 좋아하는 것을 알고 지나치게 질투를 하여 귀양을 보냈다네. 전생에 그런 원수였으니 이 다음에 소아와 한 집에서 한 낭군을 섬기며 서로 애를 태울 것일세."

"아, 이제야 모든 것을 알겠네. 이 모든 것이 다 하늘이 정한 일이니, 인간으로서는 피할 수 없다는 것을 알겠네."

"아참, 시간이 너무 많이 흘렀군. 어서 이 약을 가지고 가게나. 그리고 내가 약을 주었다는 말은 하지 말게."

신선은 이선에게 세 가지 선약을 주었다. 이선은 신선에게 고마움을 표하고 약의 이름을 물었다.

"이 물약은 혼을 불러들이는 환혼수이고, 금빛 약은 말을 하게 하는 개언초이며, 나머지는 우화환일세. 지금쯤 황태후는 죽었을 테니까, 자네가 돌아가서 옥반지의 구슬을 시체 위에 올려 놓으면 썩은 살이 다시 돋아날 것이네. 그런 다음 물약을 입술에 바르면 혼이 돌아와 다시 살아난다네. 그 때 개언초를 쓰면 말을 하게 될걸세."

"그러면 이 우화환은 어디다 쓰는 건가?"

"이 약은 자네가 감추어 놓았다가 나이 일흔이 되거든 아내와 하나씩 나누어 먹도록 하게."

신선은 또 차를 한 잔 이선에게 주었다. 이선이 그 차를 마시자, 바닷가에서 용궁의 왕자가 기다리고 있다는 생각이 갑자기 났다. 이선은 신선에게 몇 번씩 감사하다는 말을 하고 부랴부랴 왕자가 있는 곳으로 갔다. 왕자는 이선을 태우고는 순식간에 용궁으로 돌아왔다. 용왕은 크게 기뻐하며 성대하게 잔치를 베풀었다.

잔치가 끝난 후, 이선은 용왕에게 감사를 드리고 천태산이 있는 곳을 가르쳐 달라고 하였다. 용왕은 즉시 왕자를 불러서 이선을 천태산으로 안내하라고 하였다. 왕자는 곧 이선을 배에 태우고 출발하였다. 이윽고 한 곳에 이르렀다.

"이 곳이 천태산입니다. 약을 구하시려면 마고 선녀를 만나 부탁하면 될 것입니다."

이선은 왕자의 말을 듣고 혼자서 산 속으로 들어갔다. 한참을 가다보니 시내가 나왔다. 물이 너무 깊어 건너지 못하고 서성이고 있는데, 갑자기 한 소년이 동쪽에서 사슴을 타고 내려왔다. 이선은 반가워서 길을 물었지만, 소년은 대답도 없이 사슴을 채찍질하여 순식간에 가 버렸다. 이선은 할 수 없이 물가에서 또 서성이고 있는데, 저쪽의 소나무 밑에 한 노인이 다 해진 옷을 입고 바위에 걸터앉아 있는 것이 보였다. 이선은 급히 노인에게 다가가서 공손히 절을 하고, 자기의 사정 이야기를 하고 나서 마고할미 있는 곳을 물어보았다.

"이 깊은 산골에 사람이 살겠느냐? 또한 내가 이 곳에서 산 지 5만 년이 넘었지만 마고 선녀라는 이름은 들어 보지를 못했다."

말을 마친 노인은 어느 새 사라지고 없었다. 이선은 낙심하여 또다시 서성거리고 있는데, 저쪽에서 노인이 걸어오고 있었다. 그는 그 노인에게 마고 선녀의 집을 또 물어보았다.

"저 물 하나를 건너면 옥포동이 있는데 그 곳에 가서 물으면 찾을 수 있을 것이오."

"물이 너무 깊어 갈 수가 없사온데, 다르게 가는 방법은 없는지요?"

노인은 짚고 있던 지팡이를 시내 위로 던졌다. 그러자 그 지팡이가 순식간에 다리로 변하였다. 이선은 고마움의 인사를 하고 물을 건넜다. 이선이 막 건너오고 나니 노인은 어느 새 사라지고 하늘에서 이런 소리가 들렸다.

"나는 대성사의 부처인데, 너에게 길을 가르쳐 줄 테니 찾아가도록 하거라."

이선은 하늘을 향하여 절을 하고 계속 산으로 들어갔다. 한참 가다 보니 한 노인이 바위 위에 앉아 있었다. 이선은 그 노인에게 옥포동 가는 길을 물었다. 그러나 노인은 들은 체도 하지 않고 바위 위에 누워 버렸다. 이선은 무안해서 서 있는데, 한 선녀가 손에 천도를 들고 푸른 학을 타고 왔다. 이선은 황급하게 선녀에게 절을 하고 옥포동 가는 길을 물었다.

"손님은 누구시며, 왜 옥포동에 가시려 합니까?"

"마고 선녀를 만나서 약을 얻어 가고자 합니다."

"내가 이 산에 머문 지 오래 되었으나 마고 선녀는 아직 보지 못하였습니다."

"그러면 이 산이 천태산이 아니라는 말씀입니까?"

"이 산은 옥포산이며, 이 골짜기는 천태동입니다. 오늘은 날이 어두웠으니 내 집에서 쉬고 내일 다시 찾아보십시오."

이선은 선녀를 따라갔다. 아담한 집으로 들어가니 청삽살개 한 마리가 한가롭게 놀다가 이선을 보고 짖어 대며 꼬리를 흔들었다. 집 안은 퍽 깨끗하였다.

늙은 선녀는 황금 의자를 양쪽에 갖다 놓고는, 이선에게 동쪽의 의자에 앉으라고 권하였다. 이선은 그 자리를 선녀에게 권하며 사양하였다. 그러자 선녀는 화를 발칵 내며 말하였다.

"손님이 내 말을 무시하니 나도 손님이 가는 곳을 가르쳐 주지 않겠소."

이선은 할 수 없이 동쪽 의자에 앉았다. 노선녀는 시녀에게 음식을 내오게 하였다. 이선이 음식을 먹어 보니 동촌리 노파의 집 음식 맛과 같았다. 그는 이상한 생각이 들었다.

"천태산이 어느 곳에 있나요?"

"천태산은 나도 모르오. 그보다 손님께서는 헛수고 그만 하시고 내 말을 따르는 것이 어떻겠소? 이 곳도 명산이고 나 역시 명사의 아내가 되어 잘 살다가 남편이 갑자기 세상을 떠나서 어린 딸과 함께 이 곳에서 살고 있소. 딸이 커서 혼기가 되었으나 적당한 혼처를 구하지 못해 안타까웠는데 오늘 마침 손님을 만나니 첫눈에 군자의 형상인지라, 내가 진심으로 청하니 내 사위가 되어 이 곳에서 우리와 함께 영화를 누리는 것이 어떠하오?"

선녀의 말을 들은 이선은 공손한 말로 사양하였다.

"말씀은 고마우나 저는 임금의 명으로 이 곳까지 왔습니다. 약을 구하지 못하면 차라리 죽겠습니다."

선녀는 다시 좋은 말로 타일렀으나 이선은 끝끝내 사양하였다.

다음 날, 이선이 눈을 떠 보니 쉬던 집은 어디로 사라지고 자신은 냇가에 누워 있었다. 이선이 황급히 일어나 주위를 돌아보니, 한 노파가 길가에서 나물을 캐고 있었다. 이선은 그 노파에게 가서 천태산이 어디 있느냐고 물었더니 바로 이 곳이라고 하였다.

"그러면 마고 선녀 댁은 어디입니까?"

"내가 바로 마고 선녀요. 내가 눈이 어두워 누군지 못 알아보겠소."

이선은 대답 대신 숙향이 써 준 편지를 꺼내 주었다. 마고 선녀는 편지를 읽고 나서 큰 소리로 껄껄 웃으며 말하였다.

"하하하, 내가 일부러 공자를 떠 보려고 모른 척해 본 거요. 그렇지 않아도 내가 공자를 기다린 지 오래 되었소."

마고 선녀는 약을 주면서 이미 황태후가 죽었으니 빨리 가 보라고 하였다. 약을 받아드는 순간 마고 선녀는 이미 자취를 감추었다. 이선은 걸음을 재촉하여 강가로 와 배에 올랐다. 왕자는 이선에게 눈을 감으라고 하였다. 잠시 후, 눈을 떠 보니 어느덧 장안성 십 리 밖의 해경강 가에 와 있었다. 이선은 용궁 왕자와 작별을 하고, 어전으로 가서 황제께 인사를 하였다. 이선은 눈물을 흘리면서 말하였다.

"신의 불민함이 커서 빨리 명을 완수하지 못한 죄가 크옵니다."

"어디인지 알 수 없는 수만 리 먼 길을 가서 무사히 선약을 얻어 왔으니, 경의 충성이 놀랍소. 그렇지만 황태후께서는 이미 세상을 떠나셨으니 과연 그 영약이 황태후를 다시 살릴 수 있을지는 의문이오."

황제가 미심쩍은 얼굴로 이선이 가르쳐 준 대로 해 보니, 과연 황태후가 다시 살아났다. 선약의 신기함을 보고 황제와 모든 신하들이 놀라서 어쩔 줄 몰라하였다.

황제는 이선을 부둥켜안고 칭찬을 하였다. 이선은 그 동안 있었던 일을 모두 이야기해 드렸다. 그러자 황제는 더욱 기뻐하였다.

"진시황의 권능으로도, 한무제의 위엄으로도 감히 해내지 못한 일을 경이 비로소 해냈구려. 이제 선약을 구하여서 황태후를 다시 살리니, 이것이야말로 세상에 다시없는 공이오. 내가 어찌 그 공을 잊겠소? 처음에 경에게 약속한 대로 이 나라의 절반을 주겠소."

이선은 엎드려서 말하였다.

"성상께서는 어찌 신에게 후세에 반역자라는 이름을 남기게 하려 하십니까? 제발 거두어 주옵소서."

이선은 머리로 땅을 받아 피를 쏟으며 사양하였다. 황제는 이선의 뜻이 굳다는 것을 알고, 상을 줄여 초왕을 내려 주었다. 또한 김전에게는 좌승상을 시키며, 이선의 공을 다 갚지 못함을 아쉬워하였다.

이선은 어전을 물러나와 집으로 돌아왔다. 부모와 장인 장모, 장 승상 부부와 숙향 부인은 죽었던 사람이 살아온 것처럼 반가워하였다. 숙향은 초왕이 된 이선에게 말하였다.

"당신이 길을 떠나신 후에 창 밖의 동백나무가 시들어 가므로 혹시 돌아오시지 못할까 염려되었어요. 그래서 제 목숨을 끊어 당신의 목숨을 연장시켜 달라고 천지신명께 기도를 드렸어요. 그랬더니 하루는 마고 할머니가 와서 당신을 보려거든 따라오라고 하여 따라가 봤어요. 그랬더니 산골에 있는 궁전에 당신이 있었어요. 또한 당신이 제아무리 양왕 집안과의 혼사를 거절하신다 하여도 이미 하늘이 정한 배필이기 때문에 거역할 수 없을 거예요."

숙향의 말을 들은 이선은 천태산 선녀의 집에 갔던 이야기를 하고, 양왕의 딸이 알고 보니 전생에 자기의 아내였다는 이야기를 해 주었다. 그러자 숙향은 더욱더 혼인을 권하였다.

이 때 양왕은 초왕의 아버지에게 또 청혼을 하였다. 위왕이 그 뜻을 아들에게 전하니, 이선은 마침내 매향 공주를 둘째 부인으로 맞아들이겠다고 하였다. 결혼날을 정하고 혼인을 하니 황제가 이 말을 듣고 매우 기뻐하였다. 그리고 숙향에게 정렬 왕비를 내려 주었다.

이렇게 하여 매향 공주는 김 승상 부부를 제 부모처럼 섬기고, 숙향 부인은 양왕 부부를 친부모같이 모시게 되었다.

그 후로 세 부부는 화목하게 살았다. 숙향 부인은 두 아들과 딸 하나를 두었다. 그 아들들이 모두 소년 등과하여 벼슬이 높게 되고 자손이

번성하였다.

큰아들은 태자태부 겸 병부상서가 되었고, 딸은 태자비가 되었다. 둘째 아들은 정서 대도독이 되어서 오원 주천이라는 땅에 가서 오랑캐를 정벌하였고, 또한 적을 많이 물리쳐서 공적을 쌓았다. 정서 대도독이 어떤 적장을 죽이려고 하였을 때, 적병이 나타나 정서 대도독을 죽이려 하였다. 그런데 창검을 사용하였으나 들지 않고, 결박을 하였으나 저절로 풀렸다. 활로 쏘아도 맞지 않았다.

정서 대도독은 그러한 기적이 하늘의 도움이라고 생각하고 적병에게 항복을 받아 냈다. 그리고 그를 종으로 삼아서 집으로 데리고 돌아와 그 사연을 전하였다. 그랬더니 초왕 부부가 그 종을 집에 두고 친절하게 대해 주며 일을 시켰다.

어느 해 정월 보름날에 초왕이 모든 노복을 불러서 씨름을 하게 하며 놀았다. 그 오랑캐 종이 가장 힘이 세어서 여러 사람을 다 이기자, 초왕이 그 종을 칭찬해 주었다. 이 때에 숙향 부인은 그 종을 유심히 살펴보았다. 문득 그 종이 반야산에 버려진 자신을 업어다가 마을에 두고 간 도적이라는 기억이 떠올랐다. 그래서 자기가 가지고 있던 수놓은 족자를 꺼내 보니 역시 그 때의 그 도적이 맞았다.

초왕에게 그 족자를 보여 주니, 초왕이 보기에도 그 종의 얼굴이 맞았다. 초왕이 신기하게 여겨 그 종에게 물었다.

"너는 옛날에 반야산에서 사람을 구해 준 일이 있었느냐?"

"예, 난리통에 반야산에서 한 어린 계집애가 부모를 잃고 바위틈에서 울고 있었습니다. 그 때 다른 도적들이 죽이려고 하는 것을 제가 말려서 산 아래 마을에 업어다 두고 왔습니다."

이 말을 들은 초왕과 숙향 부인은 크게 기뻐하며, 그 종에게 지난 이야기를 들려주었다. 초왕 부부는 그의 은혜에 감사하고 금과 은으로 큰

상을 내려 주었다. 그 종의 이름은 신비해였다.

이 일을 모두 황제에게 아뢰니, 황제가 기특히 여겨 신비해에게 평서 장군 진서 태수의 벼슬을 내려 주었다. 그 후 신비해 장군이 서방의 도적들을 진압하여 나라의 은혜를 갚으니 온 천하가 태평하였다.

어느 해, 장 승상 부부가 세상을 떠났다. 초왕 부부는 예로써 후하게 장례를 치러 주었다. 숙향 부인의 애통해하는 모습을 본 사람들은 깊은 감동을 받았다. 그 후 위왕 부부도 세상을 떠나 선산에 왕의 예로써 장례를 치렀다.

세월이 흘러 초왕 이선이 칠십 세가 되던 해 7월 보름날이었다. 그날 아들과 손자, 모든 가족들이 모여 궁중에서 잔치를 열었다. 그 때 한 선비가 궁중으로 들어왔다. 초왕이 그 선비를 보니 친구인 선관이었다.

"그대는 어쩐 일로 이 곳까지 왔나?"

"옥황상제의 명을 받고 초왕을 데리러 왔으니 서둘러 가세."

"인간이 어떻게 하늘로 올라갈 수 있나?"

"저번에 봉래산에서 내가 주었던 약을 가지고 있나?"

그 때서야 초왕은 생각이 나서 바로 약을 가지고 왔다. 그 약을 숙향 왕비와 매향에게 한 알씩 먹게 하고 자신도 한 알을 먹었다. 그러자 세 사람은 곧 부처가 되어, 그 몸이 두둥실 하늘로 떠올라 갔다.

초왕의 자식과 손자들이 공중을 향하여 통곡을 하였다. 그 후 자손들은 세 분이 평소에 쓰던 물건과 옷가지를 관에 넣어, 왕의 예로써 허장 (시신 없이 거짓 장사를 지내는 것)을 지내었다.

숙영낭자전

작가 미상

숙영낭자전

1

조선 시대 세종 대왕 때, 경상도 안동 땅에 백상군이라는 선비가 살고 있었다. 그는 부인 정씨와 결혼하여 20년을 함께 살아왔지만 슬하에 자식이 없어서 늘 걱정이 많았다. 그들 부부는 자식을 얻기 위하여 유명한 산이나 큰절에 가서 정성을 다하여 기도를 하였다.

그러던 중 백상군 부부는 기이한 꿈을 꾼 후 아들을 낳았다. 이 아이는 용모가 뛰어나고 성품이 온유하며, 글 읽는 재주와 글씨 쓰는 것이 남달랐다. 그의 부모 백상군 부부는 하늘이 내려 주신 외아들을 천금보다 더 애지중지하며 키웠다. 백상군은 아들의 이름을 선군이라 짓고 자를 현중이라 하였다.

백신군은 어느덧 자라 장가들 나이가 되었다. 부모는 아들에게 적당한 배필을 찾아 곁에 두고 살아가는 재미를 보고 싶어, 널리 구혼을 하였으나 마땅한 며느릿감이 나타나지 않아서 늘 근심을 하였다.

어느덧 선군의 나이가 열여섯 살이 되었다. 봄빛이 따뜻한 어느 날, 선군은 서당에서 글을 읽다가 몸이 피곤하여 저도 모르게 깜빡 잠이 들었다. 그런데 문득 녹의홍상(연두저고리에 다홍치마, 곧 젊은 여자들의 멋을 낸 옷차림)으로 단장한 아름다운 낭자가 방문을 열고 들어와서 두 번 절을 하고 옆에 앉더니 이렇게 말하였다.

"도련님, 저를 몰라보시겠습니까? 제가 여기에 온 것은 도련님과 제가 하늘이 맺어 준 특별한 인연이기 때문입니다."

그러자 선군이 크게 놀라며 물었다.

"나는 인간 세상의 평범한 인간이오. 그러나 낭자는 하늘나라의 선녀가 아니오? 그런데 어찌하여 우리 사이에 인연이 있다고 하는 것이오?"

그러자 낭자가 말하였다.

"도련님은 원래 하늘에서 비를 내리게 하는 선관이었는데, 어느 날 비를 잘못 내린 죄로 인간 세상으로 귀양을 오셨습니다. 머지않아 저와 만날 날이 있을 것입니다."

선녀는 이렇게 말하고 홀연히 사라져 버렸다. 선녀는 사라졌으나 그 향기는 사라지지 않고 그대로 있었다. 선군이 이상하게 생각하고 선녀가 사라진 하늘을 쳐다보다가 문득 잠에서 깨어났다. 그것은 그가 책상에 기대어 조는 동안에 잠시 꾼 꿈이었다. 그러나 꿈속에서 본 선녀의 모습이 너무나 선명하여, 잠을 깨고 난 후에도 그 모습이 눈에 선하고 맑고 고운 음성이 귀에 가득하였다.

그 후부터 선군은 꿈속에서 만난 낭자의 아름다운 모습을 잊을 수가 없어 마음이 불안하고 초조하였다. 마치 무엇을 잃어버린 것처럼 허전하고, 술에 취한 것 같기도 하고, 미친 것 같기도 했다. 얼굴은 수척해지고, 얼굴색이 병에 걸린 사람 같이 되었다. 선군의 부모는 이런 아들을 보니 걱정이 이만저만이 아니었다.

"네 병세가 이상하니 걱정거리가 있으면 무슨 일인지 숨김없이 말해 보거라."

그러자 선군이 대답하였다.

"별로 걱정될 일은 없는데, 왠지 모르게 심기가 좋지 않아서 그러니 너무 마음 쓰지 마십시오."

선군은 서당으로 물러나와서 조용히 누워 있었다. 하지만 오로지 낭자 생각만 나고 모든 일이 심드렁해졌다. 그런데 그 때 갑자기 그 낭자가 구름처럼 나타나 앞에 와 앉으면서 선군을 위로하였다.

"도련님께서 저를 생각한 나머지 이처럼 병을 얻었으니, 어찌 제 마음이 편하겠습니까? 또한 도련님의 가세가 어려운 것이 걱정이 되어 금동자 한 쌍을 가지고 왔습니다. 그리고 제 초상화를 가지고 왔으니 이것을 도련님 침실에 두시고, 밤이면 안고 자고 낮에는 병풍에 걸어 두어 도련님의 울적한 마음을 풀도록 하세요."

선군이 너무 반가워서 낭자의 손을 잡고 다정하게 말하려고 하는 순간 낭자는 사라져 버렸다. 깜짝 놀라 잠을 깨고 보니 꿈이었다. 그런데 놀랍게도 낭자의 초상화와 금동자 한 쌍이 옆에 놓여 있는 것이었다. 선군은 이상하게 생각하면서 그 금동자는 상 위에 올려놓고, 초상화는 병풍에 걸어 두고 밤낮으로 그 옆을 떠나지 않았다.

이런 소문이 밖으로 새어 나가니 세상 사람들은 선군의 그 물건들을 구경하고 싶어 안달이 났다. 그들은 '백선군의 집에 기이한 보배가 있다'며 각각 귀한 물건을 가지고 와서 바치고는 구경도 하고 저마다 집안의 복을 빌기도 하였다. 그러자 백선군의 집안 형편은 점점 나아지게 되었다.

그러나 백선군은 날이 갈수록 오직 낭자를 사모하는 마음이 커져 마치 넋을 잃은 사람처럼 되어 가니 실로 불쌍하였다. 마침내 그는 마음의 병이 뼛속 깊이까지 들어 백 가지 약으로도 고칠 수가 없게 되어 자리에 누웠다.

선군의 그런 딱한 사정을 동정하여 낭자도 '선군이 나를 사모해서 이처럼 병을 얻었는데 내 어찌 가만히 있을 수 있을까' 하고는 선군의 꿈에 자주 나타나서 위로해 주었다.

　"도련님께서 저를 생각하느라 이처럼 병을 얻으셨으니 저로서는 오직 고마워 감격할 뿐입니다. 그러나 저와의 인연은 아직 때가 멀었으므로, 그 동안 제 대신 시녀 매월이를 도련님 댁으로 보낼 것입니다. 아마 도련님 시중 들기에 부족하지 않을 것이니 저를 보는 듯이 매월이를 보시고 적막한 마음을 위로 받으십시오."

하고는 홀연히 사라졌다.

　깨고 보니 또 꿈이었다. 선군은 마지못하여 낭자의 부탁대로 매월이를 보고 울적한 마음을 풀기는 하였으나, 여전히 마음은 일편단심 낭자에게 가 있어 마음이 괴로웠다. 달 밝은 밤 산에서 나는 원숭이의 휘파람 소리와 두견새가 슬피 우는 소리에도, 선군은 낭자에 대한 생각으로 간장이 굽이굽이 녹는 듯하였다.

　이러한 괴로운 날이 가고 달이 갈수록 선군의 상사병은 더 깊어만 갔다. 그의 부모는 선군의 병이 점점 위중해지는 것을 보고 당황하고 초조하여 백 가지 비방(비밀로 되어 있는 약 처방)과 천 가지 약을 쓰는 등 갖은 방법을 다하였다. 그래도 선군의 병은 조금도 차도를 보이지 않아 부모는 눈물로 세월을 보냈다.

　이 때 낭자가 또 생각하기를,

　'도련님의 병세가 저처럼 위중하니 아무리 하늘이 정한 인연의 시기가 안 되었지만 더 기다렸다가는 큰일이 나겠구나.'

하고 선군의 꿈에 나타나서 말하였다.

　"우리가 아직 만날 시기가 멀어서 지금껏 떨어져 있었는데, 도련님께서 그토록 괴로워하시니 제 마음이 편치 못합니다. 도련님께서 저를 보고 싶어하신다면 부디 옥연동으로 찾아오십시오."

하고는 또 홀연히 사라졌다.

선군이 꿈에서 깨어 생각하니 꿈 속에서의 황홀함이 잊혀지지 않았다. 그는 마침내 옥연동으로 찾아가기로 결심하고 부모 앞으로 나가서 여쭈었다.

"요즈음 제 마음이 불안하여 침식이 불안하오니, 경치 좋은 산천과 유명한 절을 유람하며 마음을 달래 보려 합니다. 옥연동은 특히 산천의 경치가 수려하다 하니 수삼 일 구경하고 오겠습니다."

그러자 부모는 깜짝 놀라며 말하였다.

"네가 정말 실성을 한 게로구나. 몸이 그렇게 쇠약하여 바깥 출입도 못하면서 어떻게 유람을 하겠다는 거냐?"

하고 말리며 허락을 하지 않았다. 그러나 선군은 부모의 만류를 뿌리치고 막무가내로 졸라 댔다. 그러자 부모는 하는 수 없이 선군을 보내 주기로 하였다.

백선군은 동자 한 명만 데리고 말에 올라 길을 떠났다. 그러나 날이 저물도록 옥연동을 찾지 못하였다. 안타깝고 답답한 마음을 이기지 못한 선군은 하늘을 우러러 호소하였다.

"밝으신 하늘은 저를 불쌍히 여기시여 옥연동으로 인도하여 주소서."

선군은 안타까운 마음으로 천천히 산길을 나아갔다. 한 곳에 다다랐을 때는 어느덧 해가 기울고, 미처 떠나지 못한 새들이 저마다 보금자리를 찾느라 바빴다. 산은 빽빽하고, 물은 잔잔히 흘러서 한 폭의 그림을 이루고 있었다. 못에는 연꽃이 만발하였고, 깊은 골짜기에는 모란이 한창 피어 학의 깃털처럼 날리고 있었다. 그 사이로 나비들이 하얀 눈처럼 날아다니고, 버들가지 사이로 드나들며 지저귀는 꾀꼬리 소리는 참으로 아름다운 음악 같았다. 층층이 쌓인 바위 절벽에 걸린 폭포는 은하수를 가져다 놓은 것 같고, 고운 모래가 있는 계곡 위에 걸린 돌다리는 마치 오작교를 옮겨다 놓은 것 같았다.

백선군은 그런 풍경을 좌우로 바라보면서 산 속으로 들어갔다. 그야말로 '별유천지 비인간(별천지가 따로 있어 인간 세상이 아니라는 뜻)'이었다. 선군은 이런 풍경을 보자 몸과 마음이 저절로 상쾌해져서 새의 깃털이 되어 선경으로 올라갈 것 같았다.

그 산은 들어가면 갈수록 희귀한 풍광에 산 모양이 빼어났다. 마음 내키는 대로 그 곳으로 들어가니 주란화각(단청 칠을 곱게 하여 화려하게 꾸민 누각)이 구름 위에 빛나고 있었다. 현판에는 금색 글씨로 '옥연동' 이라고 뚜렷이 씌어 있었다.

선군은 기쁨을 참지 못하여 곧바로 당상으로 뛰어 올라갔다. 그러자 한 낭자가 앞에 나타나서 말하였다.

"그대는 속세의 인간으로서 어찌 감히 선경을 범하였느냐?"

선군은 공손하게 말하였다.

"나는 이 산에 유람온 사람인데, 산천 풍경에 취하여 다니다가 그만 길을 잃고 말았습니다. 방황하다가 잘못하여 이 곳까지 들어오게 되었으니, 부디 나를 용서해 주십시오."

그러자 낭자가 정색을 하며 말하였다.

"그대가 만약 자신의 몸을 중요시여긴다면 빨리 이 곳에서 나가시오."

선군은 이 말을 듣고 낙심하여 생각하였다.

'여기가 분명 옥연동인데, 지금 기회를 놓치면 다시 찾아오기 어려울 것이니 어찌 그리운 낭자를 만나겠는가. 다시 한 번 부탁해 봐야겠다.'

그는 다시 용기를 내어 낭자 앞으로 나아가 말하였다.

"낭자께서는 왜 나를 이렇게 괄시합니까?"

그러나 낭자는 들은 체도 하지 않고 방으로 들어간 뒤에 다시는 내다

보지도 않았다. 선군은 잠시 주저하다가 하는 수 없이 당을 내려가고 있었다.

이 때 낭자가 방에서 다시 나와 옥같이 환한 얼굴에 화사한 기색을 하고 그림이 그려진 벽에 기대어 섰다.

그러더니 붉은 입술을 반쯤 열어 미소를 지으면서 조용히 백선군을 불렀다.

"낭군은 가지 마시고 제 말씀을 들으세요. 어쩌면 그렇게 눈치가 없으세요? 우리 사이에 아무리 하늘이 정해 준 인연이 있다고 하더라도 처녀의 몸으로 어찌 그리 한 마디 말에 쉽게 허락을 하겠습니까? 낭군께서는 부디 섭섭하게 생각지 마시고 이리 올라오세요."

선군은 이 목소리를 듣자 꿈에서 그리던 그 낭자임을 깨달았다. 그는 기쁨을 이기지 못하여 곧장 당상으로 올라가서 앉은 후 자세히 낭자를 바라보았다. 낭자의 얼굴은 틀림없이 초상화 속의 얼굴과 똑같았다. 그녀의 얼굴은 보름달이 푸른 하늘에 걸려 있는 것처럼 아름다웠고, 태도는 모란꽃이 아침 이슬을 머금은 것 같았다.

또 낭자의 눈썹은 봄 산과 같이 단정하였고, 두 눈은 맑은 물 같았다. 가는 허리는 봄바람에 나부끼는 버들가지와 같았고, 붉은 입술은 마치 앵두처럼 고왔다. 그 아름다운 모습은 가히 누구도 따를 수 없는 절대 가인의 모습이었다.

선군은 마음이 황홀하여,

"이제 낭자 같은 아름다운 선녀를 만났으니 지금 당장 죽어도 한이 없습니다."

하고는, 지금까지 낭자 생각에 잠 못 이루던 그 많은 날들의 이야기를 모두 고백하였다.

그러자 낭자가 수줍어하면서 말하였다.

"저 같은 여자를 그처럼 잊지 못하여 병까지 얻으셨으니 어찌 대장부라 하겠습니까? 그러나 우리가 정식으로 만날 날이 3년이나 남았습니다. 그 때가 오면 파랑새로 하여금 중매를 서게 하여, 육례를 이루고 백년해로를 할 것입니다. 그러나 만약 오늘 제가 낭군님을 사랑한다면 천기를 누설한 죄로 천상에 갇혀 다시는 인간 세상으로 내려오지 못할 것입니다. 그러니 낭군께서는 오늘의 초조한 마음을 참으시고, 3년만 더 기다려 주십시오."

그러자 선군이 낭자의 손을 잡고 간절하게 애원하였다.

"지금까지도 이렇게 기다렸는데, 어떻게 또 3년을 기다리겠소? 내가 지금 그냥 돌아가면 남은 목숨도 지키지 못하고 죽어서 저승을 헤매게 될 것이니, 그렇게 된다면 낭자인들 어찌 마음이 편안하겠소? 낭자는 나의 이 간절한 마음을 생각하고, 불에 든 나비 같고, 그물에 걸린 고기 같은 처지인 나를 좀 구해 주시오."

선군은 온갖 이유를 대며 애걸을 하였다. 낭자는 선군의 말에 감동하여 마음을 돌리어 미소를 지었다. 선군은 낭자의 손을 잡고 방으로 가서 마침내 회포를 풀었다. 오랫동안 마음에 굳게 맺혀 있던 정은 이루 말로 표현할 수 없을 정도였다.

낭자가 말하였다.

"이제 제 몸이 부정해져서, 이 선경에 더 이상 있을 수가 없으니 낭군님을 따라 함께 가겠습니다."

낭자는 청노새를 끌어내어 타고 선군과 함께 집으로 향하였다.

한편 선군의 부모는 쇠약해진 아들을 떠나보낸 뒤에 불안하고 초조하여 잠을 못 이루다가 결국 하인들을 보내어 선군의 종적을 찾았으나 그 자취가 묘연하였다.

2

백선군의 부모는 아들을 보내고 마음이 놓이지 않아 사방으로 사람들을 풀어서 그 종적을 찾았으나 옥연동에 가 있는 선군을 찾을 수는 없었다. 근심과 걱정으로 하루하루를 보내던 중, 하루는 말발굽 소리가 들리더니 뜻밖에 선군이 미인 한 명을 데리고 집으로 들어왔다. 선군은 미인을 부모님께 인사드리게 하고 자신도 절을 올렸다.

어리둥절한 부모가 전후 사정이 궁금해서 자세히 묻자 선군은 그 동안 있었던 일을 모두 말씀드렸다. 선군의 부모는 매우 기뻐하며 낭자를 살펴보았다.

그 기품 있는 용모와 아리따운 자태가 도저히 인간으로는 믿어지지 않았다. 부모는 숙영 낭자를 애지중지 여기며 동별당에 머물게 해 주었다.

그런데 선군과 낭자의 금실은 바늘과 실처럼, 물과 물고기처럼 한시도 서로 떨어질 줄을 몰랐다. 그러다 드디어는 학업을 전폐하기에 이르렀다. 아버지가 아들의 장래를 생각하니 민망하기 이를 데 없었다. 하지만 아들에게 낭자와 떨어져 있으라고 하면 또 상사병에 걸릴까 봐 그냥 두고 지켜보기로 하였다.

세월이 흘러서 어느덧 8년이 지났다. 선군 부부는 그 동안 남매를 낳았는데, 딸의 이름은 춘앵으로 아주 총명하였다. 아들의 이름은 동춘으로 세 살이었다. 동춘은 기풍은 아버지를 닮고 모습은 어머니를 닮았다. 집안은 화목하여 더 이상 바랄 것이 없었다.

집안 동편 뜰에 정자를 짓고, 꽃 피는 아침 나절과 달이 뜨는 저녁 무렵에 젊은 부부는 정자에 올라앉아 칠현금을 타고 노래로 화답하며 아름다운 풍류의 세월을 보냈다. 그렇지만 부모는 아들이 공부에 전혀 뜻이 없는 것을 탄식하였다. 그러던 차에 마침 알성과(일정한 때 없이 임금의 명으로 보던 과거 시험)를 실시한다는 방이 붙었다. 그러자 아버지는 아들 선군을 불러 조용히 말하였다.

"이번에 과거를 실시한다고 하니 너도 꼭 응시하거라. 다행히 급제를 한다면 집안도 영화롭고, 조상을 빛내게 되는 일 아니겠느냐?"

부친의 말을 들은 선군이 바르게 앉아서 말하였다.

"아버님, 우리 집에는 수천 석의 전답이 있고, 비복이 천여 명입니다. 하고 싶은 일을 마음대로 할 수 있는데, 무엇이 부족해서 과거에 급제하여 벼슬아치가 되기를 바라십니까? 과거며 공명은 모두가 속물이 탐하는 헛된 욕심입니다. 만약에 제가 과거를 보기 위하여 집을 떠나면 사랑하는 부인과 수개월 동안의 이별이 될 것이니 그것이 괴롭습니다."

그는 동별당으로 돌아와서 부인에게 부친과 주고받은 이야기를 전하였다. 그러자 부인은 자세를 바로 하고 조용히 미소를 지으며 말하였다.

"과거를 보지 않겠다는 낭군님의 생각은 잘못되었습니다. 대장부가 세상에 나면 입신양명하여 부모님께 영화를 보여 드리는 것이 자식 된 도리입니다. 그런데 낭군께서는 어찌하여 저 같은 규중 처자에게 연연하여 대장부의 당당한 일을 포기하려고 하십니까? 그것은 부모님께는 불효를 하고, 세상 사람의 꾸지람이 마침내 저에게 돌아오게 하는 것입니다. 그러니 낭군께서는 다시 생각하시어 빨리 과거 행장을 차리고 상경하셔서 남의 비웃음을 사지 않게 하십시오."

이렇게 충고하면서 과거에 응시할 준비와 행장을 갖추어 주고 노자를 주면서 선군에게 당부하듯 말하였다.

"낭군께서 이번 과거에 급제하지 못하고 낙방거사가 되어서 돌아오시면 저는 죽고 말 테니 다른 잡념은 모두 버리시고 어서 떠나십시오."

선군은 그 말을 들으니 모두 맞는 말인지라 마지못하여 부모님께 인사를 올리고, 다시 부인에게 들러 말하였다.

"내가 과거를 보고 돌아올 때까지 당신은 부모님 잘 모시고 애들과 함께 편안한 마음으로 기다리시오."

선군은 드디어 과거를 보러 길을 떠나게 되었다. 그러나 아내를 두고 떠나려니 걸음이 떨어지지 않아 한 걸음 걷고 돌아서고 두 걸음 걷고 돌아보며 연연한 아쉬움을 떨치지 못하였다.

그러자 부인도 중문 밖까지 따라나와서 먼길에 몸조심하라고 당부하면서 슬픔을 감추지 못하였다. 선군은 근심에 가득 찬 기색으로 발걸음이 무거워서 그 날은 종일토록 30리밖에 가지 못하였다. 주막을 찾아들어 저녁상을 받고서도 오직 부인 생각에 빠져서 음식을 먹어도 맛을 느끼지 못하였다. 그가 두어 술 먹다가 상을 물리니 하인이 근심스런 표정으로 말하였다.

"그렇게 식사를 못 하시면, 앞으로 어떻게 천릿길을 가시겠습니까?"

그러자 선군이 탄식하듯 대답하였다.

"아무리 먹으려 해도 밥이 넘어가지를 않으니 어쩌겠느냐."

선군은 적막한 주막집 방에 혼자 앉아 있자니 마음이 더 복잡해졌다. 부인이 옆에 있는 것 같은데 보이지 않고, 그 소리가 들리는 것 같은데 귀를 기울이면 들리지 않았다. 부인에게로 달려가는 마음을 진정하지 못하여 정신을 잃을 것 같았다. 시간이 흐를수록 부인 생각이 간절해진 선군은 하인이 잠들기를 기다렸다가 신발을 둘러메고 집으로 돌아와 담을 넘어서 부인의 방으로 들어갔다. 잠에서 깬 부인이 깜짝 놀라며 일어나 앉았다.

"낭군님, 이 밤중에 어쩐 일이십니까? 아침에 길을 떠나신 분이 다시 돌아오셨으니 어떻게 된 일입니까?"

"하루 종일 가다가 날이 저물어 주막집에 숙소를 정하고 잠을 청하였으나 당신 생각만 나고 잠이 안 와서, 한 번 더 그대를 보고 외로운 마음을 풀려고 이렇게 왔소."

선군은 부인의 고운 손을 이끌어 금침 속으로 들어갔다.

이 때 부친 백 공은 아들을 과거 응시차 서울로 보내고 마음이 허전하여 잠을 이루지 못하고 있었다.

도적을 살피려고 청려장을 짚고 마당 안을 돌아다니며 문단속을 하던 공은 어느덧 동별당에 이르렀다. 그런데 낭자의 방에서 문득 남자의 말소리가 은은히 들려왔다.

남편인 아들이 집을 비우고 없는데 며느리 방에서 웬 남자의 목소리가 들리니 백 공은 기절할 것 같았다. 한편으로는 자신의 귀를 의심하고 한편으로는 해괴한 생각을 금할 수 없었다.

'며느리 숙영은 얼음같이 차갑고 옥같이 맑은 마음과 송죽처럼 굳은 절개를 가진 여인인데, 어찌 외간 남자를 끌어들여 부정한 짓을 하겠는가? 그러나 세상일이란 알 수 없는 것이니 한 번 알아봐야겠다.'

이렇게 생각하고는 가만가만 별당 앞으로 다가가서 귀를 기울이고 엿들으니 이윽고 숙영의 낮은 음성이 들렸다.

"시아버님께서 밖에 와 계신 듯하니 당신은 몸을 이불 속에 숨기세요."

그러더니 또 잠이 깨어난 아이를 달래면서 말하였다.

"아가 아가 착한 아가, 어서 자려무나. 너희 아버지는 장원 급제하여 영화롭게 돌아오신다. 우리 아가, 착한 아가, 어서 어서 자려무나."

시아버지 백 공은 크게 의심하였으나 며느리의 방을 뒤져 외간 남자를 찾아낼 수도 없어서 그냥 꾹 참고 자신의 방으로 돌아왔다.

이 때 숙영은 시아버지가 밖에서 엿듣는 기척을 알아차렸기 때문에 남편에게 다시 말하였다.

"시아버님께서 밖에 와서 엿보고 가셨으니 이미 낭군께서 오신 줄 아셨을 것입니다. 그러니 당신은 제게 너무 연연해하지 마시고 어서 서울로 올라가 성공 여부를 따지지 말고 과거를 보아 부모님이 바라시는 바를 저버리지 마시고, 또 제게도 오해가 생기지 않도록 해 주십시오. 제가 생각하기에 당신께서 저를 생각하여 여러 번 왔다갔다 하신다면 시부모님께서 저를 요망한 계집이라고 책망하실 겁니다. 그리고 그것은 장부의 도리가 아닙니다. 그러니 당신은 앞뒤 사정을 현명하게 살피시고 빨리 서울로 가십시오."

선군은 숙영의 말을 옳게 여기고 곧 작별을 하고 다시 주막집으로 달려갔다. 하인은 그 때까지 잠에서 깨어나지 않고 있었다.

이튿날 날이 새자 다시 길을 떠나는데, 숙영의 모습이 눈앞에 아른거려 도무지 걸음을 떼어 놓을 수가 없었다. 하루 종일 걸어도 겨우 50리 밖에 가지 못하였다. 그 곳에 또 숙소를 정하고 달 밝은 밤에 홀로 앉아 있으니, 부인의 모습이 눈앞에 아른거려 끝내 잠을 이루지 못하고 고민만 하였다.

그는 결국 또다시 집으로 달려가 몰래 숙영의 방으로 들어갔다. 숙영이 크게 놀라 일어나 앉아 꾸짖으며 말하였다.

"낭군께서는 제가 그렇게 간곡하게 말씀드린 것을 듣지 않고 오늘 또 돌아오셨으니 이게 무슨 일입니까? 이러다가 집 밖에서 병을 얻으면 어쩌시렵니까? 그렇게도 저를 못 잊어 계속 이럴 것이라면 차라리 제가 낭군의 숙소로 찾아가겠습니다."

그러자 선군이 말하였다.

"당신은 규중의 아녀자인데, 어떻게 감히 밖으로 돌아다닐 수 있겠소?"

숙영은 초상화를 선군에게 주면서 말하였다.

"정말 딱합니다. 앞으로 다시는 집으로 발걸음을 하지 마십시오. 오늘은 이왕 오셨으니 좀 쉬시고 날이 밝기 전에 급히 떠나세요. 그리고 이 그림은 저의 모습이니 가지고 다니시다가 제가 보고 싶을 때 꺼내 보세요. 그리고 만일 그림의 빛이 변하거든 제게 좋지 않은 일이 생긴 줄로 아십시오."

숙영은 눈물을 흘리면서 선군을 집에서 떠나 보내려고 하였다.

한편 선군의 아버지 백 공은 어젯밤 며느리의 행실을 해괴하게 여기고 있었다. 그래서 오늘도 발소리를 죽이고 동별당으로 가서 귀를 기울이고 엿들었다. 그런데 또 며느리가 남자와 이야기하는 소리가 분명하게 들려왔다. 숙영의 음성이 나지막하게 들리다가 가끔씩 남자의 음성이 알아들을 수 없을 정도로 조그맣게 들렸다. 백 공은 생각하였다.

'이런 고약하고 해괴한 일이 우리 집에서 일어나고 있다니…… 내 집의 담이 저렇게 높고, 위아래 사람들의 눈이 적지 않은데 어떻게 외간 남자가 마음대로 출입할 수 있단 말인가? 이틀 동안 며느리 방에서 남자의 목소리가 나니 이는 필경 둘이 짜고 간통을 하는 게 분명하다. 저 아이가 내 집 며느리로 들어와 효성이 지극하고 제 남편에게 유달리 잘 대해 주어 믿었었는데, 이처럼 흉한 일을 저지르다니 사람의 마음이란 알 수가 없구나.'

백 공의 의심은 점점 깊어졌다. 이 일을 어떻게 소문 안 내고 처리할 것인지 그야말로 보통 고민이 아니었다. 그러다가 결국 부인을 불러서 이 이야기를 하였다.

"아직 그 외간 남자가 누구인지 알지 못하지만, 만일 이런 불미한 일이 밖으로 새어 나가면 우리 집안의 체면이 어떻게 되겠소? 이 일을 장차 어떻게 했으면 좋겠소?"

"그건 영감께서 잘못 들은 것일 겁니다. 우리 며느리가 어떤 며느리인데 그런 일이 있겠어요? 그 아이의 행실은 평소 백옥 같은데 그런 행동을 했을 리가 없습니다. 공연한 누명을 씌우지 마십시오."

"나도 역시 믿고 싶지 않지만, 이틀 밤이나 가서 내 귀로 직접 들었기 때문에 그러오. 며느리를 불러다 나무라고 싶었지만 괜한 누명을 씌워 시아비의 체면을 잃을까 두려워 망설이고 있었소. 아무래도 오늘은 며느리를 불러 엄하게 물어보아야겠소."

백 공은 숙영을 불러 물었다.

"아범이 서울로 간 뒤 집안이 적적하고 잠이 안 와서 혹시 도적이나 들지 않을까 하여 후원을 두루 돌아다니며 살폈단다. 그런데 네 방 근처에 갔을 때, 방 안에서 웬 남자의 음성이 낮게 들리기에 내 방으로 돌아와서 곰곰이 생각해 봤단다. 설마 그럴 리가 있겠느냐고 내 귀를 의심했다. 그런데 다음 날 가서 들으니 또 남자 음성이 들리니 이 얼마나 괴이한 일이냐? 어디 한번 사실대로 말해 보거라."

그러자 숙영이 크게 놀라 안색이 변하였으나 곧 마음을 가라앉히고 태연하게 말하였다.

"밤이 되면 늘 춘앵이와 동추, 매월이를 데리고 이야기를 하며 지냈는데, 외간 남자가 어떻게 제 방에 와서 이야기를 하였겠습니까? 저로서는 천만 뜻밖의 말씀입니다."

백 공은 이 말을 듣고 더이상 물을 수가 없어서 며느리를 돌려보내고, 하녀 매월이를 불러서 엄하게 물었다.

"네가 요즈음 아씨 방에 가서 자느냐?"

그러자 매월이 대답하였다.

"소녀의 몸이 불편하여 어제 그제 이틀은 가 뵙지 못했습니다."

매월의 대답을 들은 백 공은 더욱 수상히 여겨 매월을 꾸짖었다.

"그게 사실이냐? 요사이 해괴한 일이 있어서 아씨에게 물으니 밤에는 너와 함께 이야기하다 잤다고 하던데, 너는 아씨 방에 가지를 않았다 하니 두 사람의 말이 서로 같지 않구나. 이는 필시 아씨가 외간 남자와 사통한 것이 분명하다. 너는 앞으로 아씨의 동정을 잘 살펴서, 아씨 방에 왕래하는 놈을 잡아서 내게 알리거라."

백 공은 이렇게 엄명을 내렸다. 매월이 명을 받고 주야로 살폈으나 사람의 그림자도 보이지 않았다. 없는 도적을 어찌 잡을 수 있겠는가?

백 공의 명은 공연히 매월에게 간계를 꾸미게 하는 기회를 만들어 주었다.

매월은 생각하였다.

'서방님이 아씨와 결혼한 뒤로는 나를 쳐다보지도 않으니 어찌 애달프지 아니한가. 이번 기회에 아씨를 간통죄로 몰아서 나의 쌓인 원한을 풀고 말리라.'

3

인생에 있어서 기회는 자주 오지 않는다고 생각한 매월은 이 기회를 이용하여 숙영 낭자를 없애 버리고, 그 동안 쌓인 원한을 꼭 풀어야겠다고 결심하였다. 매월은 아씨 몰래 금은 수천 냥을 훔쳐 내어 무뢰배를 매수하여 말하였다.

"금은 수천 냥을 줄 것이니 내가 시키는 대로 해 주겠소?"

그러자 그 중에서 힘깨나 쓰겠고 성정이 포악해 보이는 도리 놈이 재물에 혹하여 자기가 하겠다고 나섰다. 매월은 기뻐서 도리를 이끌고 조용한 곳으로 가서 말하였다.

"내가 너에게 부탁하고자 하는 것은 다름이 아니라, 이 댁의 선군 서방님께서 나를 소첩으로 삼아 예전에는 사랑스럽게 대하더니, 숙영 낭자와 결혼한 후에는 8년이 넘도록 한번도 쳐다보지 않고 종년으로만 상대를 한다. 그러니 내 마음이 어찌 분하지 않겠니? 그래서 이번 기회에 숙영 낭자를 이 집에서 몰아 내어 분풀이를 하려고 하니 너는 내가 시키는 대로만 잘 하거라."

"누구의 부탁인데 소홀히 하겠느냐. 더욱이 돈까지 많이 준다는데 무슨 일인들 못하겠느냐. 죽기 아니면 살기로 해낼 테니 너는 염려 푹 놓거라."

도리가 이렇게 다짐하였다. 매월은 그날 밤에 도리에게 동별당으로 통하는 문을 열어 주면서 귓속말로 말하였다.

"너는 여기서 기다리고 있거라. 그러면 내가 영감님 방으로 가서 적당히 둘러 대면, 영감님이 격분하여 뛰쳐나올 것이다. 그 때 너는 영감이 볼 수 있도록 숙영 낭자의 방에서 나오는 척하고 이 문을 열고 도망가되, 부디 실수하지 말거라."

"그건 염려 말고 어서 영감님께 가 보거라."

매월은 곧장 영감님 방으로 가서 말하였다.

"대감 마님의 분부대로 밤마다 잠을 안 자고 동별당을 지켰더니, 과연 어떤 놈이 아씨 방으로 몰래 들어가서 추잡한 희롱을 하고 있기에 제가 살짝 엿들었습니다. 그런데 아씨가 그놈에게, '서방님이 오거든 죽여 버리고 재물을 훔쳐서 같이 도망쳐 살자'고 하지 않겠습니까? 어쩌면 그렇게도 현숙하던 아씨께서 저렇게 변하셨는지 모르겠습니다. 제가 분해서 참지 못하고 이렇게 허겁지겁 달려와 대감께 아뢰는 것입니다."

백 공은 이 말을 듣고 노발대발하여 칼을 빼 들고 후원으로 달려갔다. 그러자 과연 어떤 놈이 며느리의 방에서 뛰어나와서 담을 넘어 도망치고 있었다. 백 공은 그 놈의 뒤를 따라 쫓아갔으나 비호같이 빠른 도둑을 잡기란 힘든 일이었다.

백 공은 도둑을 놓치고 분함을 억누르지 못한 채 다시 방으로 돌아와서 밤이 새도록 앉아 있었다. 그러다 새벽 닭 울음소리가 들릴 때가 되자, 하인들을 불러 차례로 엄중하게 문초하였다.

"내 집의 담이 높아 바깥 사람이 함부로 출입할 수 없는데도 아씨 방에 밤마다 수상한 놈이 자유로이 출입을 하였다니, 아무리 생각해도 범인은 너희들 중에 있을 것이다. 숨김 없이 고하거라. 사실대로 말한다면 목숨만은 살려 주겠다. 그러나 만일 숨기다가 발각이 나면 죽음을 면치 못하리라. 그러니 그리 알고 지금 당장 자백하거라."

그러나 하인들이 꿀 먹은 벙어리처럼 가만히 있자, 급기야는 숙영을 잡아오라고 명하였다. 그러자 매월이 제일 먼저 신이 나서 동별당으로 뛰어가 숙영의 방문을 열고 크게 소리를 지르며 말하였다.

"아씨는 무슨 잠을 그리 태평하게 자고 계십니까? 지금 대감께서 아씨를 잡아오라고 하시니 빨리 가시지요."

숙영이 깜짝 놀라 일어나며 말하였다.

"이 밤중에 무슨 일로 집안이 이리 소란스러우냐?"

숙영이 방문을 열고 내다보니, 하인들이 문 밖에 늘어서 있었다. 숙영이 다시 물었다.

"너희들은 무슨 일이냐?"

그러자 하인 하나가 대답하였다.

"아씨께서는 도대체 어떤 놈과 간통을 하셔서 공연히 죄 없는 우리들만 경을 치게 하십니까? 더 이상 우리를 혼나게 하지 마시고 어서 가서 바른대로 말씀드리십시오."

하인은 마치 자기가 상전인 듯 함부로 말하였다. 숙영은 하인에게 천만 뜻밖의 모욕을 당하고는 넋이 빠진 듯 어리둥절했다. 어리둥절해 하는 숙영에게 재촉이 성화 같았다.

숙영은 곧 옷매무새를 가다듬고 시아버지 앞으로 나아가 엎드려 말하였다.

"제가 무슨 죄가 있기에 이 밤중에 부르셨습니까?"

그러자 백 공이 크게 노하여 말하였다.

"수일 전부터 너에게 해괴한 일이 일어나는 것 같아 조심스럽게 물었었다. 그랬더니 네 말이, 아범이 서울로 간 후 적막하여 매월과 함께 이야기를 나누다 잤다고 하기에 믿어지지 않아서 매월을 불러서 물어보았다. 그런데 매월이는 요 며칠 사이 네 방에는 한 번도 가지 않았다고 하니, 이는 반드시 무슨 곡절이 있을 것이라 생각되더구나. 그래서 여러 날을 잘 살펴보았다. 그런데 분명 어떤 놈이 네 방에 출입하는 것이 틀림없거늘 네가 무슨 낯으로 변명을 하려 하느냐?"

그러자 숙영이 울면서 변명하였다.

"아버님께서는 어찌 그런 무고한 말을 곧이들으시고 저를 벌 주려고 하십니까?"

그러자 백 공이 더 크게 꾸짖으며 말하였다.

"닥쳐라! 내 귀로 직접 듣고 내 눈으로 직접 본 일인데, 네가 끝끝내 나를 속이려고 하다니, 너는 네 죄를 더 무겁게 하려고 마음을 먹은 것이냐? 양반의 집에 이런 해괴한 일이 있다는 것은 참으로 망신스러운 일이다. 정말 기가 막힐 노릇이다. 네가 불러들인 놈의 이름을 빨리 대거라."

시아버지의 호령은 서릿발 같았다. 그러나 숙영은 안색을 조금도 바꾸지 않고 오히려 침착한 음성으로 말하였다.

"아무리 시부모님의 간택으로 육례를 치르지 못한 며느리라고는 하지만 어찌 그런 끔찍한 말씀을 하십니까? 제가 그런 억울한 누명을 쓰고 변명하기도 창피하오니 아버님께서는 자세히 조사해 보십시오. 저는 지금까지 빙옥 같은 굳은 정절로 살아 왔는데 어찌 이런 억울한 누명을 써야 한단 말입니까? 이 같은 말씀을 듣고도 영천수가 멀어서 귀를 씻지 못하는 것이 한스러울 뿐입니다. 저는 천 번을 죽어도 모르는 일입니다."

백 공은 더욱 화가 끓어올라 하인들에게 숙영을 결박하라고 호령하였다. 그러자 하인들은 일시에 달려들어 숙영의 몸을 묶고 머리를 풀어헤치게 하여 층계 아래에 꿇어 앉혔다.

단정하고 우아하여 인간의 경지를 넘어선 기품을 가지고 있던 숙영 낭자의 이런 학대받는 모습은 차마 눈뜨고 볼 수 없을 만큼 가련하였다.

백 공이 크게 노하여 말하였다.

"네 죄는 만 번 죽여도 아깝지 않으니, 너와 정을 통한 놈의 이름을 빨리 대거라."

이렇게 다그치며 매질까지 하니, 낭자의 백옥 같은 얼굴에는 눈물이 흐르고 옥같이 흰 살결에는 피가 흘렀다. 숙영 낭자는 정신이 아득한 가운데서도 고통을 참으면서 정신을 차려 말하였다.

"저번에 서방님께서 길 떠난 날 밤과 그 다음 날 밤 두 번을 저에게 오셨습니다. 겨우 삼십 리쯤 가다가 숙소를 정하셨으나, 저를 잊지 못해 밤중에 집으로 몰래 돌아온 것입니다. 그래서 제가 한사코 설득해서 도로 보냈습니다. 그러나 제 어린 소견으로는 부모님께 꾸중을 들을까 겁을 내어 지금까지 고하지 않고 있었던 것입니다. 그러나 조물주가 그것을 밉게 여기시고, 귀신이 그것을 시기해서 이런 씻지 못할 누명을 입은 듯합니다. 지금에 와서는 어떻게 해명할 길이 없습니다. 그렇지만 밝은 하늘은 모두 알고 계실 것이니, 아버님께서는 부디 그런 사실을 밝히시어 저를 살펴 주십시오."

그러자 백 공은 더욱더 노하여 매를 든 하인에게 호령을 하여 혹독한 매질을 하게 하였다.

숙영 낭자는 매를 참을 수 없어 하늘을 우러러 통곡하였다.

"아아, 푸른 하늘이여! 무고한 이 몸을 굽어 살피소서. 오월에 서리가 내리고 십 년을 원망해야 할 이 원한을 누가 풀어 주겠습니까?"

이 말을 마치고 낭자는 기절을 하고 말았다. 며느리의 참상을 보다못한 시어머니가 울면서 영감에게 말하였다.

"옛말에 이르기를, 엎지른 물은 그릇에 다시 담지 못한다 하였사옵니다. 영감께서는 자세히 알지도 못하시고 티 없이 굳은 정절을 가진 며느리에게 억울한 음행의 죄를 씌워 다스리시니, 만약 며느리의 무죄가 밝혀졌을 때 무슨 얼굴로 며느리를 보려고 이러십니까?"

시어머니는 뜰 아래로 내려가서 숙영을 안고 대성통곡을 하였다.

"너의 송백같이 굳은 절개는 내가 잘 알고 있다. 오늘 이런 변은 꿈에도 생각 못한 일이니 어찌 통탄하지 않겠느냐!"

그러자 낭자가,

"옛말에도 음행의 소문은 씻기 어렵다 하였사옵니다. 그런데 동해의 물로도 씻지 못할 이런 더러운 누명을 쓰고 어찌 제가 구차하게 살기를 바라겠습니까!"

하고 통곡하였다.

시어머니는 숙영을 가엾게 여겨 여러 가지 말로 위로를 하고 타일렀으나, 낭자는 끝내 듣지 않고 문득 옥비녀를 빼어들고 하늘을 향하여 절을 한 다음 빌었다.

"밝고 밝은 저 황천은 굽어 살피소서. 제가 만일 외간 남자와 정을 통한 일이 있거든, 이 옥비녀가 제 가슴에 박히게 하시고, 만일 애매한 누명이거든 이 옥비녀가 저 섬돌에 가 박히도록 영험을 베풀어 주십시오."

숙영은 옥비녀를 공중으로 높이 던지고 땅에 엎드렸다. 그러자 옥비녀가 떨어지면서 섬돌에 날아가 깊이 박혔다. 하늘이 심판한 이 기적을 보고 백 공과 하인들은 창백한 얼굴이 되었다.

백 공은 그제서야 며느리의 원통하고 억울한 심정을 알게 되었다. 백 공은 버선발로 뜰에 내려가 숙영의 손을 잡고 빌며 말하였다.

"이 늙고 못난 것이 노망이 들어 착한 며느리의 절개를 의심하여 이런 망령된 일을 저질렀으니, 내 잘못은 만 번 죽어도 씻지 못할 것이다. 그러니 아가 너는 나의 성급함을 용서하고 모든 일에 안심하도록 하거라."

그러나 숙영은 슬프게 통곡하면서 말하였다.

"이런 더러운 누명을 쓰고 어찌 제가 이 세상에서 살 수 있겠습니까? 다만 빨리 죽어서 아황 여영의 혼백을 따르려 합니다."

그러자 백 공이 말리며 말하였다.

"자고로 현인 군자도 더러 억울한 일을 당하며, 현부 열녀도 더러 누명을 쓸 수 있는 법이란다. 너도 잠시 액운을 만났던 것으로 생각하고 너무 고집을 부리지 말거라. 부디 이 늙은이의 망령된 행동을 용서해 다오."

시어머니도 숙영을 부축하여 동별당으로 데리고 가서 위로하였다. 숙영은 눈물을 흘리며 한숨만 짓다가 시어머니에게 말하였다.

"저 같은 계집도 더러운 이름이 세상에 퍼져 부끄러운데, 서방님이 돌아오시면 어찌 부끄럽지 않겠습니까? 서방님이 돌아오시면 그 때는 서로 대할 낯이 없습니다. 다만 죽음으로써 세상을 잊고자 하니 말리지 마십시오."

며느리의 진주 같은 눈물이 옷깃을 흥건히 적시는 것을 본 시어머니가 울며 말하였다.

"네가 만일 죽는다면 선군도 너를 따라 자결할 것이니, 이런 답답하고 절통한 일이 어디 또 있겠니!"

이렇게 탄식하고 시어머니는 안방으로 돌아갔다. 이 때 춘앵이 어머니의 슬퍼하는 모습을 보고 울면서 말하였다.

"어머니, 죽지 마세요. 아버지께서 돌아오시거든 원통한 사정이나 알리고 죽든지 살든지 하세요. 만일 지금 어머니께서 돌아가시면 저 어린 동춘이는 어떻게 하며, 저는 누구를 믿고 살라고 그러세요?"

춘앵은 또 어머니의 손을 끌면서 말하였다.

"어서 방으로 들어가세요."

숙영은 마지못하여 방으로 들어가서 춘앵을 옆에 앉히고, 동춘에게 젖을 먹인 뒤에 하얀 비단옷을 꺼내어 입었다. 그녀는 슬픈 목소리로 춘앵에게 말하였다.

"춘앵아, 부디 건강하게 잘 자라거라. 이 어미는 죽어야 할 몸이다."

그녀는 자결할 결심을 굳혔다.

4

숙영 낭자는 슬픔을 가누지 못하면서 딸 춘앵에게 말하였다.

"춘앵아, 나는 이제 죽는단다. 네 아버지가 천 리 밖에 있어서 내가 죽는 줄도 모르실 테니, 죽어 가는 내 마음도 의지할 곳이 없구나. 나의 사랑하는 딸 춘앵아, 이 백학 부채는 천하에 다시없는 보배란다.

추울 때 부치면 더운 기운이 나고 더울 때 부치면 서늘한 바람이 난다. 잘 간직하였다가, 네 동생 동춘이가 크거든 주거라. 아아, 슬프구나. 기쁨 뒤에는 슬픔이 있고, 괴로움이 다하면 즐거움이 오는 것이 세상의 이치라고 하지만, 이 어미의 팔자가 험하여 천만 뜻밖의 누명을 쓰고 너희 아버지를 다시 보지 못하고 황천의 원혼이 되니, 어찌 편하게 눈을 감을 수 있겠느냐. 거기에다 너희 남매를 두고 어찌 죽을 수 있겠느냐. 불쌍한 춘앵아, 나 죽은 후에 너무 슬퍼하지 말고, 동생 동춘이를 잘 보호하여 주거라."

유언을 하는 숙영의 눈에는 눈물이 비오듯 하였다. 춘앵이 어머니를 붙들고 말하였다.

"어머니, 울지 마세요. 어머니가 우는 소리에 제 간장이 끊어지는 듯하니 제발 울지 마세요."

춘앵은 통곡을 하다가 기진맥진하여 잠이 들어 버렸다. 낭자는 지극히 원통함을 이기지 못하고, 분함이 가슴 가득히 맺혀 아무리 생각해도 역시 죽어서 누명을 씻는 것이 옳다고 생각하였다. 또 춘앵이 깨어나면 분명히 죽지 못하게 말릴 것이라 생각하고 가만히 아이들을 어루만지며 말하였다.

"불쌍한 춘앵아, 내가 너희 남매를 두고 어찌 마음 편하게 갈 수 있겠느냐? 내가 죽은 후에 너희는 이 어미가 그리워 어찌 살겠느냐? 아아, 너희들을 두고 어찌 가겠느냐! 춘앵아, 그리고 동춘아, 잘 있거라."

눈물을 닦아 내면서 슬픔을 이기지 못한 숙영 낭자는, 금침을 깔고 그 위에 단정히 앉아 백옥 같은 손으로 비수를 들어 자기 가슴을 힘껏 찔렀다.

마침내 숙영 낭자는 이 세상을 떠나고 만 것이다. 그 순간 태양도 빛을 잃고, 갑자기 천지가 어두워지면서 천둥 소리가 진동하였다.

춘앵이 깜짝 놀라 깨어 보니, 어머니가 가슴에 칼을 꽂고 쓰러져 있었다. 춘앵은 소스라쳐 놀라면서 떨리는 손으로 어머니 가슴에 꽂힌 칼을 잡아 빼려고 하였다. 그러나 칼이 빠지지 않았다. 춘앵은 어머니의 얼굴에 자기 얼굴을 비비면서 하늘과 땅을 원망하면서 통곡하였다.

"아이고, 어머니. 일어나세요. 이게 웬일이에요! 불쌍한 우리 어머니, 우리 남매를 두고 어디로 가세요? 우리 남매는 장차 누구를 의지하여 살아가란 말이에요. 어린 동춘이가 어머니를 찾고 울면 무슨 말을 해 줘야 된단 말인가요. 어머니가 차마 어떻게 이런 일을 하실 수가 있단 말이에요?"

춘앵이 간장이 끊어지는 듯 통곡을 하니, 그 비참한 모습은 아무리 목석 같은 사람이라도 눈물을 흘리지 않을 수 없었다.

백 공 부부와 하인들이 놀라서 뛰어 들어와 보니, 숙영이 가슴에 비수를 꽂고 죽어 있으므로 급하게 칼을 잡아 빼려고 하였으나 끝끝내 빠지지 않았다. 모두들 어쩔 줄을 모르고 곡소리만 하였다. 이 때 어린 동춘이 잠에서 깨어났다. 동춘은 엄마가 죽은 줄도 모르고 젖을 먹으려고 죽은 엄마의 가슴을 끌어안고 울기 시작하였다. 춘앵이 동생을 달래며 밥을 주어도 먹지 않고, 오로지 젖만 먹으려고 울어 댔다. 그러자 춘앵이 동춘을 끌어안고 울면서 말하였다.

"불쌍한 내 동생 동춘아! 차라리 우리 남매도 어머니를 따라 죽어 지하로 가자."

춘앵이 동생을 끌어안고 통곡하는 모습은 보는 사람의 가슴을 찢어지게 하였다.

며칠 후, 백 공 부부는 의논을 하였다.

"며느리가 이토록 참혹하게 자결을 하였으니, 선군이 과거를 치르고

돌아와서 며느리의 가슴에 칼이 꽂혀 있는 것을 보면, 우리가 모함하여 죽인 줄로 오해하고 저도 또한 죽으려 할 것이오. 그러니 선군이 오기 전에 한시바삐 며느리의 장사를 지내는 것이 어떨까 하오."

백 공은 방으로 들어가서 며느리의 시신을 옮기려고 하였다. 그러나 이상하세노 시신이 조금도 움직이지 않았다. 여러 사람이 힘을 모아 움직여 보려고 무수히 애를 썼지만 역시 꼼짝달싹도 하지 않았다.

백 공은 속으로 '이것은 필시 하늘의 뜻이다'라고 생각하며 초조한 마음에 괴로움만 커 갔다.

한편, 선군은 아내에 대한 그리운 생각을 한시도 버리지 못하고, 서울로 가는 발걸음을 떼지 못하다가, 아내의 충고로 겨우 마음을 돌려먹었다. 그는 서울로 가서 주막을 잡아 숙소를 정하고 과거날을 기다렸다. 과거날이 되자 전국에서 선비들이 구름같이 모여들었다.

　선군은 시험지를 옆에 끼고 춘당대로 갔다. 시험 제목을 바라보던 선
군은 일필휘지(단숨에 글을 써 내려가는 것)로 글을 지어서 제일 먼저 올
렸다.

　많은 선비들이 글을 지어 바치자, 상감께서 글을 보시다가 선군의 글
을 보고는 크게 칭찬을 하셨다.

　"훌륭하구나, 이 글은 그야말로 이태백의 문체요, 조맹부의 필법이로
다!"

　상감은 직접 글의 한 자 한 자에 비점(시나 문장을 비평 또는 정정하여
매기는 점수)과 관주(글이나 시문의 잘 된 곳에 그리는 관점)를 주고 장원으
로 뽑은 후에 성명의 비봉(남에게 보이지 않으려고 엄중하게 봉한 것)을 떼
어 보니, 경상도 안동에 사는 백선군이었다. 상감은 선군을 불러서 승정
원 주서의 벼슬을 내렸다.

선군은 임금의 은혜에 감사를 드리고 승정원으로 들어갔다. 선군은 이 기쁜 소식을 시골에 전해야 했다. 또한 아내와 이별한 지 오래되어 아내 숙영이 더욱 그리워졌다.

선군은 노부모와 아내에게 편지를 써서 하인을 주어 보냈다. 하인이 여러 날 만에 선군의 집에 도착하여 편지를 전하였다.

백 공은 황급하게 편지를 뜯어 보았다.

소자 다행히 하늘이 도우셔서 과거에 장원 급제하고 승정원 주서를 제수받아 방금 출근을 하였사오니, 감개가 무량하옵니다. 집으로 돌아가서 뵈올 날짜는 이 달 보름 때쯤이 될 것이오니, 그 때까지 건강하십시오.

이미 받아 볼 주인이 없는 숙영 낭자 앞으로 온 편지를 받아든 시어머니 정씨는 크게 소리내어 울면서 그 편지를 손녀딸인 춘앵에게 주었다.

"에그, 가여운 춘앵아, 동춘아! 이 편지는 네 아비가 네 어미에게 보낸 편지니 잘 간수하거라."

춘앵이 편지를 가지고 어머니의 빈소로 들어가서, 어머니의 시신을 흔들면서 편지를 펴 들고 울었다.

"어머니, 어서 일어나세요. 아버님으로부터 편지가 왔습니다. 아버님이 장원급제하여 승정원 주서가 되었다 하는데, 어머니는 왜 일어나서 기뻐하지 않으십니까. 어머니가 아버님 소식을 몰라서 밤낮으로 걱정하시더니 오늘 이 편지가 왔는데 왜 반겨 주지 않으십니까. 나는 아직 글을 모르기 때문에 어머니 앞에서 읽어 드리지도 못하니 답답할 따름입니다."

한참을 울던 춘앵이 할머니에게 가서 그 손을 끌어잡고 어머니의 빈소로 와서 말하였다.

"할머니! 이 편지를 어머니 앞에서 읽어 드리면, 어머니의 혼령이라도 감동할 것입니다."

춘앵이 울면서 애원하였다.

할머니 정씨는 눈물을 훔치면서 며느리의 빈소에 가서 아들이 보낸 편지를 읽었다.

　주서 백선군은 한 장의 글월을 부인에게 부치니, 그 동안에 두 분 부모님 모시고 편안히 잘 있으며, 어린 춘앵과 동춘이도 잘 있는지 궁금하오. 나는 다행히 장원 급제하여 벼슬길에 들었으니 천은이 망극할 뿐이오. 다만 당신과 헤어져 천 리 밖에 있으므로 사모하는 마음이 더욱 간절하오. 당신의 모습이 밤낮 눈앞을 떠날 날이 없고, 당신의 음성이 또한 귓가에 쟁쟁하오. 달빛이 뜰에 가득하고 두견새가 슬피 울 때에 문 밖에 나가 고향 쪽을 바라보니, 구름에 둘러싸인 산은 더없이 무거워 보이고 푸른 물줄기는 천 리 밖으로 흐르고 있더이다. 새벽달이 기울고 찬바람이 외기러기 울음을 실어 외로움을 더해 줄 때, 반가운 당신의 소식을 기다렸더니, 빈 허공에는 푸른 하늘 소슬한 바람 소리뿐 당신의 소식은 오지 않는구려. 객지에서 홀로 지내니 당신을 그리워하는 마음이 더욱 커지는구려. 나는 잘 있지만, 한 가지 슬픈 것은 당신이 준 초상화가 요즘 날이 갈수록 색이 변하니 반드시 당신에게 무슨 변이 있는 것 같아 불안한 생각에 잠도 안 오고 밥도 못 먹겠소. 기쁨이 다하면 슬픔이 오는 법이라는데, 당신의 소식이 궁금하여 어서 빨리 집으로 돌아가고 싶은 마음이지만, 조정에 매인 몸이라 뜻대로 달려가지도 못하

고 있소. 내가 바라는 것은 머지않아서 서로 만나 그 동안 못한 이
야기도 하고 서로 위로해 줄 수 있을 것이니 서러워 말고 기다려
달라는 것이오. 새가 되어 하늘을 훨훨 날아 금방이라도 당신 곁으
로 가고 싶은 마음 간절하나, 내 몸에 날개가 없는 것이 한스러울
뿐이오. 할 말은 많으나 편지 한 통에 다 쓸 수 없어 이만 줄이겠
소. 부디 몸 건강히 잘 있으시오.

할머니는 편지를 다 읽고서 손녀 춘앵을 어루만지며 통곡하였다.
"슬프구나. 어린 네가 어미를 잃고 어찌 살꼬. 죽은 네 어미의 영혼이
라도 차마 너를 잊지는 못할 것이다."
그러자 춘앵이 울면서 말하였다.
"아이고 어머니, 아버님 편지 사연을 들으시고도 왜 아무 말도 없으
십니까? 우리 남매는 어머니 없이는 살기 싫사오니, 어서 어머니 계
신 곳으로 데려가 주세요."
춘앵은 몹시 슬퍼하며 울었다.
한편 백 공 부부는 머지않아 아들 선군이 올 것에 대비하여 의논을
하였다.
"선군이 돌아오면 필경 죽은 아내를 따라서 죽으려 할 테니, 장차 어
찌하면 좋겠소?"
백 공은 밤낮으로 탄식을 하였다.
이 때 선군을 모시고 있다가 돌아온 하인이 백 공 부부의 근심하는
기색을 알아채고는 공손히 말하였다.
"저번에 서방님을 모시고 서울로 가는 길에, 풍산 땅에 이르러 보니,
온갖 꽃이 만발하여 봄빛이 영롱한데 어떤 미인 하나가 백학과 더불
어 춤을 추고 있었습니다. 그래서 그 동네 사람에게 물어보았더니, 임

진사 댁의 규수라고 하였습니다. 서방님께서 그 미인을 한번 보시고는 흠모하여 잠시도 떠나지 못하시었습니다. 그러니 소인의 생각으로는 그 임 진사 댁 규수를 찾아 성혼하신다면 서방님이 기뻐하시고 숙영 낭자를 잊지 않을까 합니다."

그러자 백 공이 크게 기뻐하였다.

"과연 네 말이 옳구나. 임 진사는 나와 친한 분이니까 내 말을 들어 줄 것이고, 선군이 이미 입신양명하였으니 그 댁에 청혼하기도 쉽게 되었다."

백 공은 서둘러 임 진사에게 갈 준비를 하였다.

5

백 공이 임 진사 집을 찾아가니 임 진사가 반갑게 맞아 주었다. 서로 인사를 나눈 후에, 임 진사는 백 공의 아들 선군이 장원 급제한 경사를 축하하고, 주안상을 차려 대접을 극진히 해 주었다.

임 진사가 백 공에게 말하였다.

"이처럼 누추한 곳에 백 공께서 와 주시니 감사합니다."

그러자 백 공이 대답하였다.

"임 진사께서 그런 말을 하면 섭섭하오. 친구끼리의 방문은 예삿일인데 임 진사의 집을 누추한 곳이라고 하니, 정말 섭섭하오."

이렇게 서로 웃으면서 이야기를 나누다가 문득 백 공이 임 진사에게 말하였다.

"사실 내가 긴히 할 이야기가 있는데, 임 진사께서 내 청을 들어 주시겠소?"

"그야 들을 만한 말이면 들어야지요. 어디 이야기를 해 보시지요."

"실은 다름 아니라, 저의 자식 선군이 며느리와 인연을 맺어서 부부 사이가 좋아 남매를 자식으로 두었소. 그런데 선군이 과거를 보러 간 사이에 며느리가 갑자기 병을 얻어 세상을 떠났소. 불쌍한 마음은 끝이 없으나 선군이 집에 돌아와서 며느리가 죽은 것을 알면 반드시 병이 날 것 같기에 급히 규수를 구하는 중이오. 그러던 중 듣자 하니 이 댁에 어진 규수가 있다고 하여, 제 자식놈이 허물 많은 줄은 알지만 감히 이 댁에 구혼하고자 온 것이오. 그러니 임 진사께서 제 간곡한 청을 물리치지 않으시기를 바라오."

임 진사는 백 공의 말을 들은 후 한동안 묵묵히 생각한 끝에 입을 열었다.

"제게 미천한 딸이 있으나, 댁의 아드님의 짝으로는 부족하기 이를 데 없소. 또한 지난 해 칠월 보름날에 우연히 아드님과 숙영 낭자를 보았는데, 낭자의 자태가 마치 월궁 선녀같이 아름다웠소. 비록 제가 백 공의 뜻대로 허락을 한다고 하더라도 아드님 마음에 들지 않을 것이고, 그럴 경우에 제 딸의 신세가 불쌍하게 될 것이니, 이 말씀은 없었던 걸로 하십시다."

그러자 백 공이 그럴 리 없다고 하며 다시 청하였다. 임 진사가 마지못하여 재삼 당부를 하고 허락하자, 백 공이 기뻐서 말하였다.

"그럼 이 달 보름날에 선군이 집에 돌아올 때에, 이 댁 문 앞을 지나게 될 것이니 그 날 바로 성례를 하는 것이 좋을 것 같소. 임 진사의 생각은 어떻소?"

"그러면 백 공의 말대로 하지요."

백 공은 임 진사와 헤어져 집으로 돌아왔다.

백 공은 부인에게 이 사실을 전하고, 곧 예물을 갖추어서 임 진사 댁으로 보냈다. 그러나 부인은 도저히 마음이 놓이지 않아 걱정을 하면서 말하였다.

"임 진사 댁 규수와 성혼을 하게 된 것은 잘 된 일이에요. 하지만 선
군은 며느리가 죽은 줄을 모르고 내려올 것이니, 집에 와서 며느리가
죽은 이유를 물으면 무어라 대답하겠소?"

"그 일을 사실대로 말할 수가 없으니 이렇게 말하는 것이 좋겠소."

백 공 부부는 이러이러하게 말하자고 약속하고는 선군이 내려올 날을
기다려서 풍산의 임 진사 집으로 가서 혼례를 치르기로 하였다.

백선군은 벼슬을 받은 후 특별 휴가를 얻어 조정을 떠나 고향으로 내
려오고 있었다. 상감이 내려 주신 모자를 쓰고 청실로 짠 관복을 입고,
오른손에 옥 홀을 잡고, 어사화를 비스듬히 꽂고, 풍악을 앞세우고, 큰
길을 흥겹게 행진해 왔다. 길가에 나와 구경하는 사람들은 모두 백선군
의 영광을 칭송하며 부러워하였다.

이렇게 행차하여 사나흘쯤 간 후에 백선군은 몸과 마음이 피곤하여
잠깐 쉬면서 졸고 있었다. 그런데 비몽사몽간에 숙영 낭자가 온몸에 피
를 흘리며 방문을 활짝 열고 들어왔다. 숙영은 선군의 옆에 앉더니 슬
프게 울면서 말하였다.

"낭군께서 입신양명하여 영화롭게 돌아오시니 기쁘기 한이 없으나,
저는 운이 불길하여 이 세상을 버리고 황천객이 되었습니다. 전에 낭
군께서 보내 주신 편지 사연을 들으니, 낭군의 저를 향한 마음이 간
절하시나, 이것 역시 저의 운명이 기구하여 벌써 세상을 하직하였으
니 구천의 혼백이라도 한스럽습니다. 그러니 저의 원통한 사연을 아
무쪼록 깨끗이 풀어 주시기를 낭군께 부탁드립니다. 그러면 죽은 혼
백이라도 깨끗한 귀신이 될 수 있을 것입니다."

이 말을 마치고 숙영은 사라져 버렸다. 선군이 놀라서 깨어 보니 온
몸에 식은땀이 축축하였고, 몸과 마음이 떨려 진정할 수가 없었다. 아무

리 생각해도 그 곡절을 헤아리지 못하여 시간을 재촉하여 밤낮으로 길을 달려서 며칠 만에 풍산 마을에 이르러서 숙소를 정하였다. 선군은 식음을 전폐하고 앉아서 밤이 새기를 기다렸다.

그런데 밤중에 문득 하인이 와서 말하였다.

"대감 마님께서 오셨습니다."

선군은 즉시 밖으로 나가 문안 인사를 드리고 방으로 모시고 들어갔다. 선군은 자리에 앉자마자 집안의 안부부터 여쭈었다. 아버지는 조금 주저하다가 집안에는 아무 일도 없다고 거짓으로 대답하였다. 그리고 선군이 장원 급제하여 높은 벼슬을 하게 된 과정을 물으면서 기뻐하는 기색을 보였다. 이윽고 백 공은 선군에게 은근하게 말하였다.

"장부가 뜻을 얻으면, 아내를 둘 얻는 것이 예로부터 일상적인 일로 되어 있다. 내가 들으니 이 마을의 임 진사의 딸이 매우 현숙하다고 하더구나. 그래서 내가 이미 청혼을 하여 임 진사에게 허락을 받고 채단을 보냈단다. 그러니 이왕 이 곳에 왔으니 내일 아주 결혼식을 하고 집으로 돌아가는 것이 어떻겠느냐?"

선군은 숙영 낭자가 꿈에 나타나 억울함을 호소한 뒤로 그 진위가 궁금하여 마음을 진정시키지 못하고 있던 차에 부친의 이 말을 듣고는 이렇게 추측을 하였다.

'부인이 죽은 것이 분명하구나. 그래서 나를 속이고 임 낭자를 취하게 하여 나를 위로해 주시려는 게로구나.'

선군은 아버지에게 이렇게 말하였다.

"아버님 말씀은 지당하오나, 제 마음은 급하지 않사오니 후일에 정혼하여도 늦지 않을까 합니다."

부친은 아들의 성격을 잘 알기 때문에 다시 입 밖에 내지 못하고 밤을 지냈다. 첫닭이 울자마자 선군은 인마를 재촉하여 안동으로 급행

하였다. 이 때 임 진사가 선군이 마을에 가까이 왔음을 알고 선군의 숙소로 찾아오다가, 도중에 선군의 행차를 만나서 장원 급제한 것에 대해 치하하고 몇 마디 주고받은 뒤 헤어졌다.

곧이어 친구 백 공을 만났다.

"일이 여차여차하니 잠깐 기다리시오."

백공은 이렇게 말한 뒤 아들의 뒤를 따라 집으로 돌아왔다. 이 때에 선군이 서둘러 집으로 향하니 하인들이 그 곡절을 모르고 의아해하였다.

선군이 본집에 와서 정 부인을 뵙고 그간의 안부를 여쭙고 숙영의 거처를 물었다. 모친은 아들의 금의환향을 기뻐할 마음조차 없이 당장 아들이 묻는 말에 말문이 막혀 주저하였다. 선군이 더욱 의아스럽게 여기고 아내의 방으로 들어가 보니 천만 뜻밖에 낭자는 가슴에 칼을 꽂은 채 누워 있지 않은가. 선군은 가슴이 막혀서 울지도 못하고 땅에 곤두박질치며 넘어졌다가 울음을 터뜨리고 말았다. 춘앵이 동생 동춘을 안고서 내달아서 부친의 옷자락을 잡고,

"아버지, 아버지는 왜 이제야 오십니까? 어머니는 벌써 죽은 지 오래지만 염습도 못하고 지금 저대로 있으니 차마 서러워서 못살겠습니다."

하고 부친을 끌고 낭자의 빈소로 들어가,

"어머니, 그만 일어나세요. 아버지가 지금 오셨어요. 그렇게도 주야로 그리워하시더니 왜 꼼짝도 않고 무심하게 누워만 계세요?"

하며 슬피 울었다. 선군이 애통함을 참지 못하고 한바탕 통곡하다가, 급히 부모 앞으로 나와서 숙영 낭자가 참혹하게 죽은 곡절을 물었다.

백 공이 오열하면서,

"네가 상경한 지 오륙 일 지나자, 하루는 네 아내의 기척이 없기에 우

리가 이상히 여기고 방에 가 보니 저런 처참한 모양으로 누워 있더라. 깜짝 놀라서 그 곡절을 알려고 했으나 아직도 자세한 곡절은 모르겠구나. 다만 추측컨대 필시 어떤 놈이 네가 집에 없는 틈을 타서 밤중에 침입해서 겁탈하려다가 뜻대로 되지 않자 칼로 찔러 죽이고 도망친 것이 아닌가 한다. 칼을 빼려고 해도 어느 누구도 능히 빼지를 못하고, 시체를 움직여 염습하려고 해도 움직이지를 않아서 그대로 두고 너 오기만을 기다리게 되었다. 이런 일을 네가 알면 놀라 필경 병이 날까 하는 염려에서 알리지 않았다. 미리 임 진사의 딸과 성혼하려고 한 것은 네가 낭자의 죽음을 알지라도 숙녀를 얻어서 정을 붙이면 마음이 위로될까 생각했던 것이니, 너도 기왕 당한 불행에 너무 상심하지 말고 어서 장례 지낼 생각을 해라.”

하였다. 선군이 이 말을 듣고 어찌할 바를 모르고 잠잠히 있다가 다시 낭자의 빈소로 들어가 대성통곡하였다. 그러다가 무슨 생각이 들었는지 집안의 모든 노비를 일시에 결박하여 뜰에 꿇어 앉혔다. 그 중에 매월이도 있었다. 선군이 소매를 걷고 빈소로 들어가서 이불을 벗기고 보니, 낭자의 용모와 전신이 완연히 산 사람 같고 조금도 변함이 없었다. 선군이 부축하여 올리고,

“이제 내가 왔으니, 부디 안심하시오. 가슴에 박힌 칼이 빠지면 그 칼로 원수를 갚아 낭자의 원혼을 위로하리다.”

하고 칼을 빼니, 그 칼이 가볍게 쑥 빠졌다. 그와 동시에 그 구멍에서 파랑새 한 마리가 나오며,

“매월이다, 매월이다, 매월이다.”

하고 세 번 외치며 날아갔다. 그 뒤에 또 파랑새가 한 마리 나오며,

“매월이다, 매월이다, 매월이다.”

하고 세 번 외쳤다. 그제서야 선군이 매월의 소행인 줄 알고, 분함을 이

기지 못하여 형구를 갖춰 놓고 모든 비복을 차례로 장문하였다. 그러나 죄가 없는 비복이야 죽을망정 무슨 말로 승복할 수가 있으랴. 이에 매월을 끌어 내다가 매 때려 문초하였으나 간악한 매월은 좀체로 제 죄를 자백하지 않았다. 그러나 매가 백 대에 이르자 철석 같은 몸인들 어찌 견뎌 내랴. 매월의 살이 터지고 유혈이 낭자하였다. 모진 매월도 하는 수 없이 울면서,

"상공께서 숙영 낭자가 들어온 후로 저는 본 체도 하지 않기에 질투심이 일어나던 차, 때를 타서 감히 간계로 아씨에게 누명을 씌우려고 했습니다. 같이 공모한 자는 도리옵니다."

하고 실토하였다. 선군이 크게 진노하여 도리를 또 문초하니, 도리는 매월의 뇌물을 받고 매월이가 시키는 대로 행한 죄밖에는 다른 죄가 없노라고 자백하였다. 선군이 크게 노하여 칼을 들고 뜰로 내려와서 매월의 목을 베고 배를 갈라서 간을 꺼내어 부인의 시체 앞에 놓고 두어 줄 제문을 읽었다.

"성인도 속세에 노닐며, 숙녀도 험한 구설을 만남은 고왕금래에 없지 않은 불행일지나, 이번 부인같이 원통 절통한 일이 세상에 어디 있으리요. 아아, 슬프다. 이것은 모두 나 선군의 탓이니 누구를 원망하고 누구를 탓하리요. 오늘 매월의 원수는 갚았거니와, 한번 죽은 부인의 화용월태를 어디 가서 다시 만나 보리오. 다만 나 선군이 죽어서 지하에 가서 부인을 따를 것이니, 부모에게 불효가 되오나, 어찌하는 수 없소이다."

하고 선군은 제문을 다 읽고 낭자의 시체를 어루만지며 통곡하였다. 그리고 도리를 본읍에 넘겨서 먼 절도로 귀양보내게 하였다.

이 때 선군의 부모는 며느리가 불행을 당한 일을 사실대로 알리지 않고 있다가, 일이 이같이 밝혀지자 도리어 무색해 아무 말도 못하였다.

그러나 선군은 화평한 얼굴과 부드러운 음성으로 양친을 위로하고 염습 제구를 준비하여 빈소로 들어가서 염을 하려고 하였으나, 여전히 시체가 요지부동이었다. 하는 수 없이 사람을 내보내고, 선군 혼자 빈소에서 촛불을 밝히고 누워 탄식하면서 시체를 지키다가 문득 잠이 들어서 혼몽하였더니, 숙영 낭자가 화려한 비단옷 차림으로 사뿐히 들어와서 사례하고,

"낭군의 도량으로 내 원수를 갚아 주시니, 그 은혜 결초보은하여도 오히려 부족하옵니다. 어제 천상의 옥황상제께서 조회 받으실 때, 저를 불러 꾸짖어 말씀하시되, '네 선군과 만날 정해진 기한이 있는데, 삼 년 기한을 어기고 앞당겨서 미리 인연을 맺었던 탓으로 인간에 내려가서 애매한 일로 비명횡사하게 되었으니 누구를 원망하며 누구를 한탄하겠느냐' 하시기에, 제가 사죄하고 옥황상제께 '명을 어긴 죄는 백 번 죽어 마땅하오나, 선군이 저를 따라서 죽고자 하오니, 다시 한 번 저를 세상에 보내서 선군과 미진한 인연을 맺게 해 주십사' 하고 애걸했습니다. 그러자 옥황상제께서 측은히 여기시고, 시신에게 분부하시기를, '숙영의 죄는 그만해도 족히 징계가 되었으니 다시 인간으로 내보내서 미진한 인연을 잇게 하라' 하시고, 또 염라대왕에게 분부하셔서, '숙영을 빨리 내어보내라' 하셨습니다. 그러자 염라대왕이 여쭙기를, '분부대로 하겠사오나, 이틀만 더 지낸 후에 세상으로 돌려보내겠습니다' 하니 옥황상제께서 그렇게 하라고 허락하셨습니다. 그리고 남극성을 불러서 저의 수한을 정하라 하시니, 남극성이 팔십을 정하고 삼인이 동일 승천케 한다고 말씀하셨습니다. 제가 옥황상제께, '선군과 저 두 사람뿐인데 어찌 삼인이라 하십니까?' 하고 여쭈니 옥황상제께서 '너희들 부부가 자연 삼인이 될 것이나 천기를 누설치 못한다' 라고 하셔서 이상하게 생각했습니다. 그리고 옥황상제께

서 또다시 석가 여래를 불러서, '자식을 점지하라'고 분부하신즉, 석
가 여래께서 삼남을 정하였으니, 낭군은 아직 제가 죽었다고 상례를
지내지 마시고 며칠만 더 기다리세요."

하고 문득 어디론가 사라져 버렸다. 선군은 꿈을 깨고 마음이 창망하여
꿈에 있었던 일을 생각하고 마음이 극히 편치 않은 채 수일을 기다렸다.
다음 날 선군이 마침 밖에 나갔다가 집에 돌아와 낭자의 시체를 만져보자
온기가 완연하여 생기가 돌고 있었다. 크게 기뻐한 선군은 곧 부모를 청
하여 그 신기한 사실을 알리고 인삼을 달여서 입에 흘려 넣으며 수족을
주물러 주었다. 그러자 이윽고 숙영 낭자가 눈을 부시시 뜨고 좌우를 둘
러보았다. 이것을 본 시부모와 선군은 기뻐서 어쩔 줄을 몰라했다. 이 때
춘앵이 동춘을 안고 모친 시체 옆에 있다가 그 회생하는 기색을 보고 한
편으로 희한하게 생각하여 모친을 붙잡고 흔들었다. 그러자 깨어난 모친
이 울면서 일어나 앉았다. 한 방의 상하 모든 사람들이 즐거움은 말할 것
이 없고 원근 사람들도 이 소문을 듣고 다 와서 축하하면서 놀라움을 감
추지 못하였다.

이렇게 수일이 지나서 잔치를 베풀고 친척과 빈객을 원근 없이 모두
청하여 즐거워하였다. 재인을 불러서 재주를 구경하며 창부를 불러서
노래를 시키니 풍악 소리가 하늘에 멀리 울려 퍼졌다.

이 때 선군과 정혼한 임 진사 집에서는 숙영 낭자가 회생하였다는 소
문을 듣고 납폐를 돌려보내고 다른 곳에 구혼하려고 하자, 임 낭자가
그 기색을 알고 부모에게 말씀드리기를,

"여자로서 한 번 혼사를 정하고 예물을 받은 이상 그 집 사람이 분명
하옵니다. 백선군 도령이 상처한 줄 알고 부모님께서 그와의 정혼을
허락하셨었는데, 이제 숙영 낭자가 다시 살아났으니 나라의 법에 부
인을 둘을 두지 못하도록 금하였으면 모르거니와 그렇지 않는 한에는

소녀는 맹세코 다른 가문으로는 시집을 가지 않을 것이니 더 이상 혼
담은 꺼내지도 마십시오.”

하였다. 임 진사 부부가 딸의 이런 말을 듣고 어이가 없어 딸의 말을 무
시하고 다른 가문에서 신랑감을 널리 구하려고 하였다. 그러자 임 낭자
가 다시 부모에게,

“전에도 말씀 드렸지만, 소녀의 혼사로 이렇게 걱정을 시켜 드리게
된 것은 소녀의 팔자가 기박한 탓이옵니다. 비록 여자라도 말은 천금
같이 중하매, 이미 금석같이 마음먹은대로 시집을 가지 않고 부모님
슬하에서 부모님을 모시고 일생을 편안히 지내는 것이 원이옵니다.
그러니 이제 더 이상 혼사를 의논하시지 말기를 바라나이다. 비록 불
효가 될지라도 차라리 한 지아비를 좇아서 죽은 이비의 자취를 따르
고자 하오니 부모님은 이제 저의 혼사는 단념하시고 소녀를 그냥 내
버려 두십시오.”

하고 굳은 의지를 밝혔다. 임 진사 부부가 이 말을 듣고 도저히 그 뜻을
돌릴 수 없을 것 같아 더 이상 의논은 하지 않았으나 여전히 근심이 아
닐 수 없었다.

임 진사가 하루는 백 공을 찾아갔다. 백 공이 임 진사를 반갑게 맞아
서로 마주 앉았다. 임 진사가 백 공에게,

“예로부터 한번 죽은 사람은 다시는 태어날 수 없다고 했는데, 백 형
의 며느리가 다시 살아난 것은 예나 지금이나 정말로 희귀한 일입니
다. 백 형의 복 받음을 축하드립니다. 그런데 저는 산 자식을 죽이게
생겼으니 똑같은 사람끼리 화복이 어찌 이렇게 불평등하단 말입니
까?”

하며 처연하게 말했다. 백 공이 깜짝 놀라서 그 연고를 물으니 임 진사
가 자기 여식의 그간 사정을 하나하나 말했다. 그러자 말을 다 들은 백

공이 칭찬하면서,

"과연 아름다운 마음씨로군요. 그 규수의 절개가 그렇게도 굳거늘, 그런 숙녀의 일생을 우리 선군 때문에 망친대서야 되겠습니까. 우리 음덕에 허물됨이 적지 않을 것이니 이 일을 어찌하면 좋을까요?"

이 때에 아버지를 곁에서 모시고 있던 선군이 다 듣고 있다가 임 진사에게,

"귀 소저의 금옥 같은 말씀을 듣자오니 고인이 부끄럽지 않사오나, 사정인즉 난처하옵니다. 국법에 아내가 있고 취처함을 다스리는 율이 있으니 의논할 것이 안 되고, 거사가 양처를 두는 법이 있으나, 귀 소저가 어찌 남의 부실이 되시겠습니까? 형세가 이렇고 보니 이 모두 우리 탓이라 죄스럽고 송구스러울 따름입니다."

하며 공손히 말했다.

임 진사가 탄식하면서,

"법에 양처를 두어도 무방하다고 할진대 부실이 된들 어찌 사양하겠소마는, 어쩔 수 없는 일을 더 이상 의논하여 무엇하겠는가."

하고 다른 얘기를 하다가 돌아갔다.

선군이 숙영 낭자의 침소에 들어가서 임 낭자의 사정을 전하고 부인의 뜻을 넌지시 물어보았더니, 숙영 낭자가 임 낭자를 가상하게 여기며 말하기를,

"임 규수의 일념이 그러하여 세상을 등질 지경까지 가게 한다면, 우리는 그 낭자에게 크나큰 죄를 지게 되는 것입니다. 생각하기에 쉬운 방법이 있을 듯합니다. 낭군은 제 생각만 하지 말고 그 같은 여자의 불행을 구해 주셔야 합니다."

그러자 선군이 속으로 기뻐서,

"그게 무슨 말이오?"

하였다. 숙영 낭자가,

"옥황상제께서도 삼인이 승천하리라 하셨으니, 이것도 필연 임 낭자와의 인연입니다. 이미 천정연분이니 어찌 피할 수 있겠습니까. 낭군은 모름지기 우리 집의 전후 사정과 임 낭자의 모든 사정을 자세히 주상께 상소하십시오. 그러면 주상께서 반드시 가상히 여기셔서 특별히 허락하실 것입니다. 이는 이른바 성인이 권도로 행하신 것이 됩니다. 그렇게 되면 이것은 도리어 한 나라의 정절을 포장하는 일이 될 것이요, 또 한 가지 작게는 임 낭자의 한을 풀어 주는 것이 되니 이 어찌 아름다운 일이 아니겠습니까?"

하고 말했다. 선군이 깨달아 응낙하고 행차를 준비하여 상경하였다. 상경한 뒤에 옥궐에 문안하고 수일을 쉰 후에 숙영 낭자와 임 낭자에 대한 얘기를 일일이 적어서 주상께 상소하였다. 주상이 선군의 상소문을 보시고 칭찬하여,

"숙영 낭자의 일은 천고에 드문 일이니 정렬 부인의 직첩을 내리라."

하시고,

"임 낭자의 절개 또한 아름다우니, 특별히 백선군과 결혼케 하라."

하고 숙렬 부인의 직첩을 내리셨다. 백선군은 사은하고 다시 휴가를 얻어 바삐 집으로 돌아와서 이 사연을 임 진사 댁에 알렸다. 임 진사 댁에서는 생각 밖의 일이라 기뻐하고 감격하며 택일 성례하니 신부의 화용월태가 가히 아름다웠다. 신부 임 낭자는 선군을 따라 시댁으로 들어와 시부모님을 효로써 모시고 낭군을 공손하게 받들면서 숙영 낭자와 더불어 서로 친구처럼 한시도 떨어지지 않고 지내게 되었다.

선군의 집안은 화락하여 그릴 것 없이 행복하게 살았다. 백 공 부부가 함께 천수를 누리고 세상을 떠나니 백선군 부부가 심히 슬퍼하고 선산에 안장하여 시묘하였다.

그럭저럭 세월이 흐르는 동안 정렬부인은 사남 일녀, 숙렬 부인은 삼남 일녀를 낳았다. 그 구 남매는 모두 부풍 모습하여 하나하나가 다 옥인군자요 현녀숙완이었다. 차례로 남가여혼하여 자손이 번성하고 가세가 부유하여 만석꾼의 이름을 얻고 대대로 복록이 무궁하였다. 하루는 큰 잔치를 베풀고 자녀와 손자를 데리고 사흘을 즐기더니, 홀연히 상운이 사방을 둘러싸고 용이 우는 소리가 진동하더니, 한 선관이 내려와서,

"선군아, 인간의 재미가 어떠하뇨? 그대 부부 삼인이 승천할 기약이 오늘이니, 빨리 가자."

하고 백선군 삼인의 부부가 함께 일시에 승천하였다. 이 때 향년 팔십이었다. 자손들이 공중을 우러러보며 망극 애통해하고 허관을 꾸며서 선산에 안장하니 후세 사람들이 두고두고 그 덕을 칭송하였다.

작품 알아보기
(고전 문학)

〈숙향전〉은 숙향이라는 여성의 사랑과 모험을 파란만장하게 그리고 있는 조선 후기의 영웅, 염정 소설이다. 신선 사상을 바탕으로 하는 몽환적인 선계의 이야기가 인물들의 꿈을 통하여 자주 펼쳐지고 있는데, 상상과 비현실에 치중한 고대 소설의 한 특징을 잘 보여 주고 있다.

숙향은 중국 송나라 때 김전이란 선비의 딸로 태어났다. 자라면서 그 용모와 총명함이 뛰어났던 숙향은, 피난길에 도적을 만나 부모를 잃게 된다. 여기서부터 숙향의 시련은 시작된다. 장 승상 댁의 양녀가 된 숙향은 계집종 사향의 모함을 받고 쫓겨 난다.

마고할미의 집에서 살게 된 숙향은 이 위공의 아들 선을 만나 백년가약을 맺지만, 시아버지 위공의 노여움을 사 죽을 뻔한 고비를 넘긴다. 이선이 태학으로 떠나면서 두 사람은 헤어지게 되고, 숙향의 현숙함을 알아본 위공 부부의 허락을 받아 마침내 결혼하게 된다. 그 뒤 숙향은 신분이 더욱 고귀하게 되는데, 헤어졌던 부모를 만나면서 고난도 끝이 난다.

〈숙영낭자전〉은 도교적인 요소를 바탕으로 하여 남녀 간의 애정 문제를 다루고 있는 대표적인 염정 소설이다.

꿈에 본 선녀를 못 잊어 옥연동으로 들어간 백선군은, 천상 인연인 숙영 낭자를 데려와서 행복하게 산다. 선군이 과거를 보러 떠난 사이, 시아버지의 오해를 받은 숙영 낭자는 분함을 이기지 못하여 어린 남매를 두고 자결한다. 장원급제한 선군이 돌아와 숙영의 한을 풀어 주고, 옥황상제의 은덕으로 숙영이 다시 살아난다는 비현실적인 이야기다.

논술 길잡이
(고전 문학)

❶ 아래의 그림은 숙향이 피난길에서 부모와 헤어지는 장면이
다. 숙향은 여러 차례 죽을 고비를 만나게 되는데, 어떻게
그 고난을 헤쳐 나가는지 한 가지만 예로 들어서 말해 보자.

....

....

....

....

....

논술 길잡이
(고전 문학)

❷ 〈숙향전〉과 〈숙영낭자전〉에서 주인공들은 전생의 연분으로 맺어진 배필임에도 불구하고, 남편이 두 번째 부인을 취하는 것을 당연하게 받아들이고 있다. 이러한 의식을 오늘날의 관점에서 비판해 보자.

....

....

....

....

❸ 〈숙영낭자전〉에서 숙영은 계집종 매월이의 간계로 시아버지의 의심을 사게 된다. 매월이가 숙영 낭자를 모함하게 된 이유를 구체적으로 설명해 보자.

....

....

....

....

....

논·술·한·국·대·표·문·학 〈전60권〉

펴 낸 이	정재상
펴 낸 곳	훈민출판사
주　 소	경기도 고양시 덕양구 원당동 416번지
대표전화	(031)962-3888
팩　 스	(031)962-9998
출판등록	제395-2003-000042호